Rudolph's Bakery

Rudolph's
BAKERY

Rudolph van Veen

Karakter Uitgevers B.V.

24KITCHEN

Uitgegeven en geproduceerd door Karakter Uitgevers, Uithoorn

Dit boek kwam mede tot stand in samenwerking met House of Talent

Tekst, receptuur en eindredactie:
Rudolph van Veen

Redactie:
Leonie van Mierlo en Danny Jansen

Vormgeving en artwork omslag en binnenwerk:
De Heeren van Vonder – www.dhvv.nl

Fotografie:
Sam Walravens – www.samwalravens.nl

Derde druk, 2013

ISBN 978 90 452 0663 9
NUR 440

Voorwoord

Is het niet wonderlijk dat je met enkele heel vanzelfsprekende ingrediënten zoals boter, bloem, suiker en eieren zo oneindig veel lekkernijen kunt maken? Dat je mensen werkelijk kunt verrassen met een zelfgemaakte taart, rijkelijk versierd met verse vruchten? Bakken is een prachtige hobby. En of je nu eenvoudige zandkoekjes of een Frans patisseriekunstwerk maakt, je kunt je fantasie helemaal de vrije loop laten. Niets is te gek en alles kan!

Wanneer je je hele ziel en zaligheid in iets stopt, dan geloof ik dat je dat terugziet en ook echt kunt proeven. Passie noemen ze dat. Feitelijk geef je jezelf een beetje bloot via jouw zelfgebakken quiche of cake. Voor mij is de liefde voor het bakken net zo onvoorwaardelijk als de liefde voor mijn kinderen. Daarom sta ik altijd met zoveel plezier in mijn Bakery, en blijft elk recept steeds weer een boeiende uitdaging.

Het plezier van het televisieprogramma zit ook in dit boek meegebakken. Voor mij zijn er geen keukengeheimen en zit de grootste vreugde 'm in het delen! Naast alle recepten vind je daarom in dit boek vele extra's zoals ideeën voor het maken van eetbare cadeautjes en kindertraktaties, nuttige tips over het werken met verschillende basisingrediënten en een hoofdstuk Eerste Hulp Bij Bak Ongelukken. Vanzelfsprekend nemen we ook een kijkje achter de schermen bij het maken van het tv-programma 'Rudolph's Bakery'.

Dit boek is gemaakt voor jou. Om je te inspireren, te verleiden, te doen verleiden en je te begeleiden bij het bakken van zowel zoete als hartige snoeperijen.

Moge het plezier te proeven zijn!

Rudolph van Veen

Inhoud

In den beginne...

Het begon natuurlijk lang voordat ik mij realiseerde dat het begonnen was. Ik kan wel zeggen dat de interesse voor eten er bij mij met de paplepel is ingegoten. De avontuurlijke geest van mijn vader, die als zeeman de hele wereld had gezien en geproefd, in combinatie met het gastvrije en zorgzame karakter van mijn moeder legde het fundament voor mijn latere culinaire carrière. Het woord 'gastronomie' heb ik mijn ouders nooit horen uitspreken en voor zover ik weet hebben ze niet één keer in een sterrenrestaurant gegeten. Koken was niet mijn moeders hobby en daar was ze heel duidelijk over. Daarentegen was ze bijzonder zorgzaam en mochten vriendjes en vriendinnetjes altijd blijven eten. Mijn moeder kookte altijd te veel, en als mijn vader af en toe iets maakte, was het niet veel, maar veel te veel! Voor een heel schip zou je kunnen zeggen. Een 'geruststellende overvloed' noemden mijn ouders dat. Want je weet maar nooit wie er nog langskomen... Restjes werden de volgende dag vanzelfsprekend verwerkt in een soep, salade of een 'prakje' dat werd opgebakken. En wat daarna nog overbleef, ging naar de kippen, het konijn of de hond.

Als je 'goei boter' gebruikt, wordt het altijd lekker...

Mijn moeder was een goede klant van de brood- en banketbakker en ze haalde voor het weekend altijd een krentenbrood met spijs, een zak eierkoeken, koffiebroodjes of bolussen en iets van gebak of een taart. Iedere vrijdag- en zaterdagavond hadden wij dus iets lekkers voor bij de koffie. Naast alles wat ze bij de bakker kocht, bakte ze ook af en toe zelf een lekkere cake. Een weegschaal hadden we thuis niet, het ging gewoon op gevoel. De ene keer werd het een boerenkruimelcake, de andere keer een natte cake. Net hoe het uitpakte. Als je 'goei boter' gebruikt, wordt het altijd lekker, was haar credo. De beginselen van het bakken heb ik echt van haar geleerd. Wanneer ik op de basisschool wilde trakteren op mijn verjaardag, bakten we samen dertig appelflappen. Daar waren we de hele avond druk mee, want er gingen er maar acht tegelijk in de oven. Met mijn vader maakte ik op een regenachtige zaterdag wel eens 'stroopsoldaatjes': karamel met boter, gegoten in puntige zakjes van bakpapier. Genoeg voor de hele straat. En elk jaar op oudejaarsdag oliebollen bakken voor iedereen die ze maar wilde komen ophalen. De eerste taart die ik ooit maakte, was een pannenkoekentaart. Een stapel pannenkoeken met aardbeienjam ertussen, waarover ik aan tafel een pak vanillevla leeggoot. Lekkerder bestond toen gewoon niet!

Mijn interesse voor eten, of beter gezegd knutselen met eten, begon te groeien en op de basisschool kwam de gedachte al op een koksopleiding te gaan volgen. Intussen vertelde mijn vader aan tafel regelmatig avontuurlijke verhalen over de kunstwerken van de scheepskoks op luxe cruiseschepen. Hoe creatief ze de mooiste ijssculpturen en boterbeelden maakten als pronkstukken voor de weelderige buffetten. Dromend zag ik het helemaal voor me... En toen ik op een dag vroeg of ik vijf kilo boter mocht hebben voor een beeld, zei hij: 'Natuurlijk jongen.' Vervolgens bracht mijn moeder gewoon twintig pakjes roomboter mee van de supermarkt. Geen margarine, want dat aten we nooit! Achteraf bezien vind ik dat zo stoer van mijn moeder. Ze had ook gewoon kinderklei kunnen kopen waarmee ik eindeloos had kunnen oefenen. Maar nee, ik had om boter gevraagd. Ik was toen elf en zat in het laatste jaar van de basisschool. De zogenaamde 'nouvelle cuisine' had ook in Nederland zijn intrede gedaan en ik kon niet wachten om het jaar erna naar de koksschool te gaan.

Toen ik op een dag vroeg of ik vijf kilo boter mocht hebben voor een beeld, zei hij: 'Natuurlijk jongen.'

Hoewel ik dus rond mijn pubertijd al wist dat ik kok wilde worden, het liefst een hele goeie, zat er ook veel tegenstrijdigheid in mij. Muziek begon een belangrijke rol te spelen in mijn leven. Ik had net de punk ontdekt en dat was nu niet bepaald de muziek waar mijn vrienden en schoolgenootjes mee bezig waren. Ik weet nog heel goed dat ik op een dag Iggy Pop flink huis zag houden met het decor van AVRO's Toppop. De televisie ging harder en het toestel stuiterde zowat door de woonkamer! Ik zie mijn ouders nog komen aanrennen met een blik van 'wat is hier aan de hand?' 'Lust for life' knalde uit de speakers en het kon wat mij betreft niet toepasselijker. Dit was dus punkrock? Ik was meteen om! Mijn kamer werd behangen met posters van The Sex Pistols, Nina Hagen, The Dead Kennedy's en The Ramones. Zes weken nadat ik een tweedehands elektrische gitaar had gekocht, speelde ik al in een punkband, K.G.B. (Kultureel Gefrustreerde Band) genaamd. Keihard en vol energie, daar ging het voornamelijk om. Optredens waren tegelijkertijd ook oefensessies en noten lezen leek een overbodige luxe. 'The only notes that matter are the ones that come in watts', was het motto van die tijd.

M'n eerste optreden met mijn bandje K.G.B. begin jaren 80.

'Lust for life' knalde uit de speakers en het kon wat mij betreft niet toepasselijker.

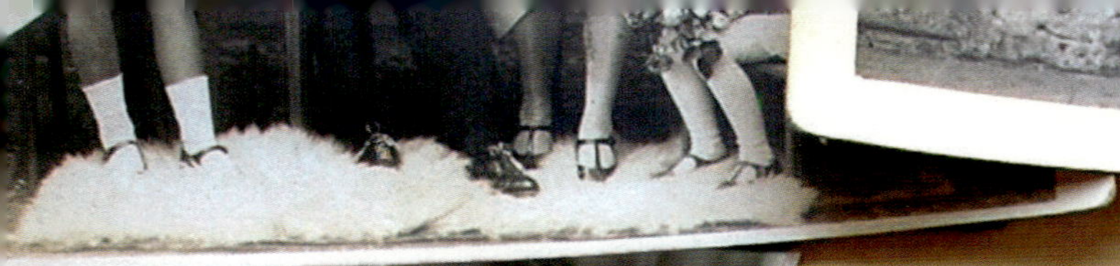

Als ik nu terugkijk op die periode, weet ik dat ik net als mijn leeftijdsgenootjes op zoek was naar een eigen identiteit. En rond je pubertijd is muziek hiervoor het uitgelezen middel, net als mode overigens. Het was vooral de 'alles wat je wilt kun je zelf maken'-mentaliteit van de beginjaren van de punkscene die mij zo aansprak. Inmiddels waren mijn docenten en klasgenoten op de koksschool wel gewend geraakt aan mijn hondenhalsband met hangslot en mijn panterprintbroek. Al was ik dan echt de enige punker tussen 1200 leerlingen, ik was namelijk ook supergemotiveerd een zo goed mogelijke kok te worden.

Een 9 vond ik een mooi gemiddelde...

Mijn moeder zorgde ervoor dat mijn kokskleding altijd perfect schoon en strak gestreken was. Huiswerk maakte ik steevast dezelfde dag af en ik zorgde ervoor dat geen enkel cijfer ooit lager was dan een 8. Een 9 vond ik een mooi gemiddelde. Tegen het einde van mijn schooltijd had ik ontdekt dat ik door middel van koken en bakken ook goed kon laten zien en proeven wie ik nu was. Dankzij mijn opleiding en mijn passie had ik de perfecte manier gevonden mijzelf te uiten. Tijdens het laatste schooljaar nam ik regelmatig deel aan kookwedstrijden voor leerlingen, soms als vertegenwoordiger van de school. Mijn hangslot had ik inmiddels ingewisseld voor een stropdas.

Rudolf van Veen met zijn winnende showstukken: „Ik had een prijs verwacht".

CULINAIRE WEDSTRIJD

Tilburgs dessert wint op Horecava

'HET TOETJE ZOU DE GROTE UITDAGING VOOR DE KOK MOETEN ZIJN'

Kok uit Oosterhout opnieuw toetjeskampioen

Door Frank Lambregts

Rudolph van Veen, de toetjeskampioen uit Oosterhout, stopt met het meedoen aan wedstrijden. 'Het liefst zou ik een eigen Suikerschool beginnen', zegt hij.

Champagnetaart

Toekomst

RUDOLPH MAAKTE DE ÁLLERFIJNSTE

door SYLVIA BORGER

Nederlands beste patissier leeft zich vast in zoet winterlandschap

RUDOLF VAN VEEN WINT OVERTUIGEND

Oud-Tilburger beste patissier van Nederland

(Van onze streekredactie)

De prijswinnaar aan het werk. Het resultaat siert het omslag van dit nummer.

109

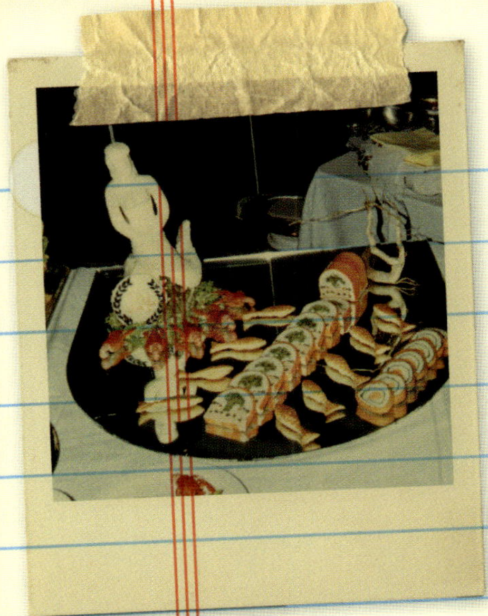

Niet alleen op school maar ook thuis heb ik enorm veel kansen gekregen die ik gretig heb aangepakt. Een kans gaat namelijk nooit verloren, dat is onzin! Een kans komt langs... en dan pak je hem, of je laat hem voorbijgaan zodat iemand anders hem pakt. Zo koos ik ervoor om tijdens de herfstvakantie de hele week naar school te komen om als afwasser te helpen tijdens diverse SVH Meesterkokexamens van beroemde koks, zoals Cas Spijkers. Een paar jaar later werd ik bij hem aangenomen omdat hij mij herkende als die jongen die zijn afwas en rommel had opgeruimd tijdens zijn zo belangrijke examen. Thuis maakte ik voor alle familiefeesten en voor iedereen in de buurt die een feestje te vieren had, koude buffetten tegen kostprijs. Er was slechts één voorwaarde: ik wilde elke keer ten minste één gerecht maken dat ik nog nooit eerder had bereid. Op deze manier heb ik ongelooflijk veel verschillende dingen leren maken en het was fijn om het vertrouwen te krijgen van al die mensen, want eigenlijk waren zij toch ook gewoon betalende proefkonijnen.

Een kans gaat namelijk nooit verloren, dat is onzin!

Tijdens de diploma-uitreiking kreeg ik de prijs voor Best geslaagde leerling van de school en, belangrijker nog, het uitgesproken vertrouwen van alle docenten dat ze zeker nog veel van mij zouden gaan horen. Ik was toen 17 jaar en zou na een paar weken zomervakantie een jaar gaan werken in Zwitserland. Het echte werk kon nu beginnen! Werken in Zwitserland was wel even andere koek dan de veilige haven van school. Hotel Erlibacherhof in Erlenbach vlak bij Zürich was een klassiek hotel met een statig restaurant en een informele 'Dorfsstube'. Herr Baumgartner was een echte strenge chef-kok die de keukenbrigade met ijzeren hand leidde. Hoe druk het in de keuken ook was, hij wilde nooit rommel op het aanrecht zien. 'Schön, frisch und rein, so muss die Küche sein' is er bij mij in dat jaar echt ingestampt. En ik moet nu toegeven dat ik daar nog steeds plezier van heb. Ik ging naar Zwitserland als kok, of tenminste om 'echt' professioneel (anders dan in een schoolsituatie) te leren koken. Maar er gebeurde daar iets met mij. Ik kwam in aanraking met verbluffend mooie patisserie zoals ik nog nooit eerder gezien en geproefd had. Er ging een wereld voor mij open en ik heb meteen alles op alles gezet om naast mijn werk als kok in het hotel tijdens mijn vrije dagen stage te mogen lopen bij een Konditorei. Vanaf dat moment heeft de patisserie mij gegrepen en nooit meer losgelaten. De patisserie heeft mij verleid en ik heb het vol overgave laten gebeuren. In de jaren die volgden heb ik als kok én als patissier gewerkt in heel veel verschillende bedrijven. Soms vond ik het zelf best moeilijk om te zeggen wat ik nu was: een kokende patissier of een kok die graag bakt? Maar na enige tijd heb ik ontdekt dat het ene het andere niet hoeft uit te sluiten.

Schön, frisch und rein, so muss die Küche sein...

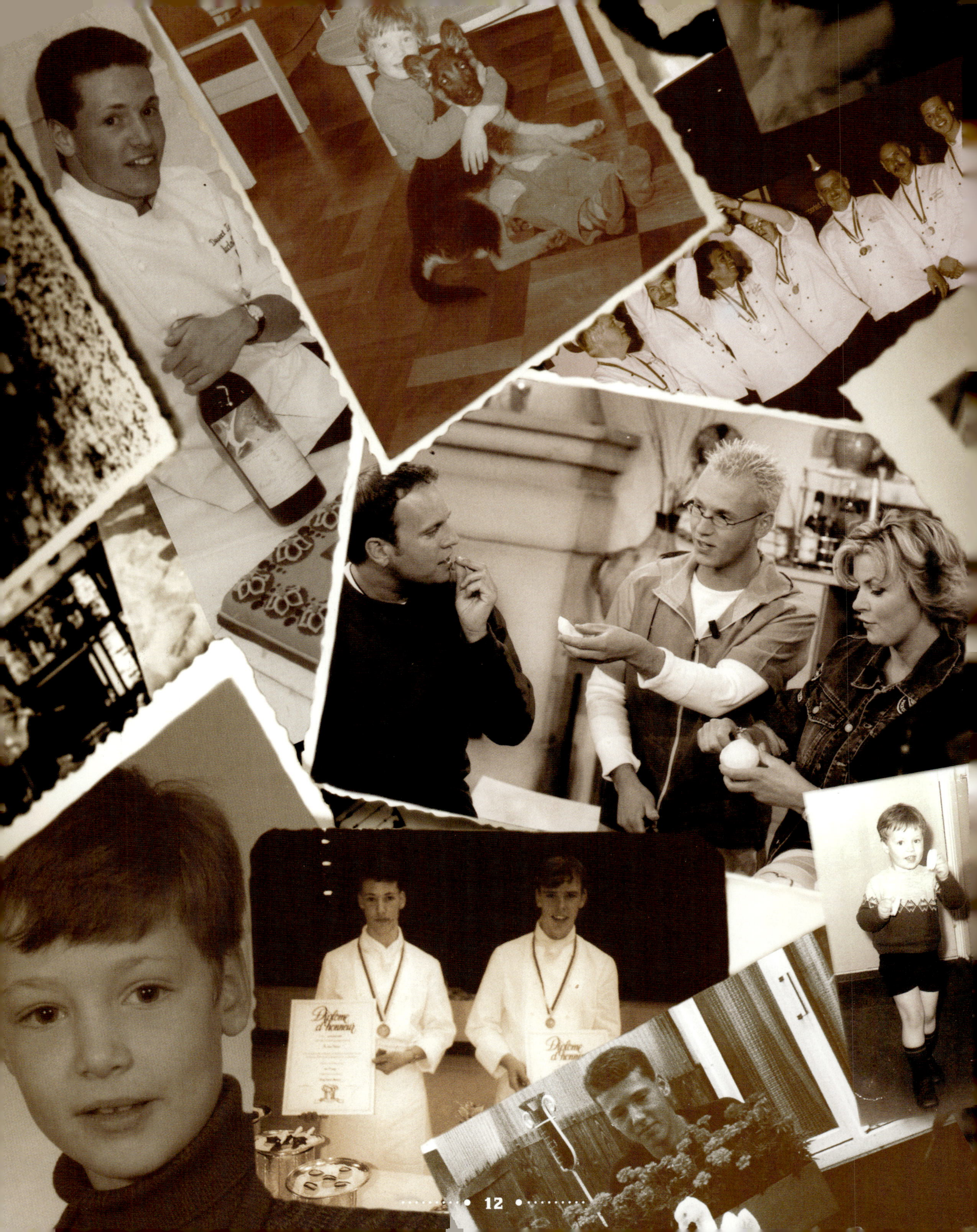
Diplôme d'honneur
Diplôme d'honneur

Regelmatig heb ik deelgenomen aan culinaire wedstrijden over de hele wereld als lid van het Nederlands Team en soms ook individueel, een heel mooie manier om je grenzen te ontdekken en te verleggen. Het zijn vooral de contacten en vriendschappen met vakcollega's uit allerlei verschillende landen die van onschatbare waarde zijn, nu nog steeds. De examens SVH Meesterkok in 1995 en Meesterpatissier in 2010 waren mijn grootste mijlpalen, omdat het persoonlijke ijkpunten waren. Het dwingt je heel goed na te denken wie je bent en waarvoor je staat als vakmens en hoe je dat tot uiting brengt in jouw manier van werken. De examens waren extreem zwaar met een heel intensief voortraject, maar het is een voorrecht zo'n examen te mogen doen en jezelf voor een integere en vakbekwame commissie helemaal binnenstebuiten te keren. Ik kan het elke professional aanraden!

Soms kan het raar lopen en komt iets totaal onverwacht op je pad...

Al vanaf het allereerste begin heb ik elke gelegenheid aangegrepen om mijn passie voor zowel koken als bakken met iedereen te delen. Mijn ouders, mijn docenten en klasgenoten op school, vele collega's hebben hetzelfde voor mij gedaan. Hun passie en geduld hebben mij geïnspireerd en verder geholpen. Zonder hen als voorbeeld was het leven niet half zo interessant. Soms kan het raar lopen en komt iets totaal onverwacht op je pad... Op een dag in 2000 kreeg ik het verzoek of ik in een nieuw televisieprogramma van Irene Moors en Carlo Boszhard wilde komen koken. De vraag kwam via Jan, de manager van Irene, en inmiddels verzorgt hij ook al vijftien jaar mijn management. Via de keuken van Irene & Carlo heb ik lange tijd veel mensen mogen inspireren zelf enthousiast te gaan koken. Er volgden andere tv-programma's en een aantal boeken waaruit bleek dat er een brede interesse bestaat voor meer informatie over voeding en koken. Gedreven door passie leidde onze ambitie in 2011 tot een heuse televisiezender die helemaal in het teken staat van ons eten: 24Kitchen. Op deze zender, onderdeel van Fox International Channels, heeft mijn liefde voor patisserie een duidelijke plek gekregen. 'Rudolph's Bakery' is echt en heel persoonlijk, maar het is beslist niet mijn programma. Het is ons programma: voor iedereen die graag bakt, verleidt of verleid wil worden...

Rudolph van Veen

Materialen

Oven

De oven als altaar. Het belangrijkste wat je nodig hebt is een oven. De meeste ovens hebben twee standen, namelijk een heteluchtstand en een zogenaamde stille stand, met boven en onder warmte. De heteluchtoven heeft een ventilator die de warme lucht verspreidt in de oven, waardoor de warmte zeer intensief op de producten inwerkt. Een stille oven werkt met boven- en onderwarmte en geeft over het algemeen een wat rustiger bakresultaat. Door de luchtverplaatsing is de temperatuur in een hete-luchtoven gemiddeld zo'n 15 tot 20% hoger dan in een stille oven. Ga nooit helemaal blind af op baktijden en temperaturen in recepten, al zijn deze goede richtlijnen. Het punt is dat elke oven toch een beetje zijn eigen karakter heeft. Je moet je oven een beetje leren kennen en daarom zeg ik altijd dat je je gevoel moet volgen tijdens het bakken. Dus: de oven als altaar, met respect voor het bakproces.

Paletmes

Het paletmes is eigenlijk geen mes. Hiermee smeer je gelijkmatig vullingen tussen taartdelen en spreid je beslag uit over een bakplaat. Ook voor het glaceren van een taart.

Gummi spatels

Onmisbaar voor het goed leegschrapen van kommen, het doorroeren van crèmes, het vullen van spuitzakken en dergelijke. Iedereen die patisserie maakt moet minstens een gummi spatel in de keukenla hebben liggen.

Mixer / keukenmachine

Voor bakfanaten is een keukenmachine met een kom (bijvoorbeeld Kitchen Aid) aan te raden. Als je die gebruikt, heb je altijd twee handen vrij. Hij klopt, mixt en kneedt alles gemakkelijk en perfect. Bij deze keukenmachine zitten verschillende roerwerken: een garde voor het luchtig kloppen van onder andere slagroom en eiwitschuim, een deeghaak voor het kneden van zware deegsoorten, en de bisschop, genoemd naar het model van een mijter. Dit roerwerk wordt door sommigen ook wel vlinder genoemd. De bisschop gebruik je onder andere voor het roeren van cakebeslag en voor het luchtig roeren van crèmes. Mocht je geen keukenmachine hebben, dan is de mixer een goed alternatief.

Spuitzakken

Tegenwoordig zijn er ook voor de hobbyist wegwerpspuitzakken te koop. Handig in gebruik en ze kunnen na gebruik worden weggegooid. Met een schaar knip je het puntje van de zak af, waarna je er een spuitmondje in kunt doen.
Er zijn ook nog steeds linnen spuitzakken te koop die aan de binnenzijde met een soort siliconenlaagje zijn afgewerkt.

Spuitmondjes

Met behulp van verschillende spuitmondjes kun je op allerlei manieren bijvoorbeeld cupcakes opspuiten. Het meest gebruikt zijn gladde en gekartelde spuitmondjes. Van het merk Wilton zijn veel verschillende spuitmondjes verkrijgbaar voor extra creatieve motiefjes. Te koop bij de betere kookwinkels en online.

Weegschaal

Een goede weegschaal is gewoon onmisbaar. Een eenvoudig, digitaal weegschaaltje is perfect en precies.

Taartvormen

Springvorm
Springvormen met een doorsnede van 24 cm of 28 cm zijn geschikt voor bijna alle taarten en cakes. Een absolute *must have* dus. Het voordeel: door de beugelsluiting kun je de ring er makkelijk afhalen, waardoor het uit de vorm halen van de taart een fluitje van een cent is. De taart kan gewoon op het onderplateau van de vorm blijven staan. Belangrijk: was deze vormen nooit af in de vaatwasser. Door de warmte en zeep zullen ze verkleuren en vervormen.

Conische taartpan of blik
Dit gebruiken professionele patissiers voor ronde cakes en Moskovisch gebak, bijvoorbeeld voor bruidstaarten, slagroomtaart of tarte tatin. Geschikt voor cakes en taarten die je ondersteboven kunt lossen. Door de conische zijkant laat de cake of taart mooi los. Bekleed de bodem voor de zekerheid met een stukje op maat geknipt bakpapier. Zo komt de bodem er altijd gegarandeerd mooi uit.

Laag gekartelde taartvorm
Deze vormen zijn in verschillende maten en doorsnedes te verkrijgen en hebben een gemiddelde hoogte van 2 cm. Geschikt voor alle soorten vruchtentaarten, vlaaien, de mascarponeappeltaart en de Rocky Road taart. Het is een handige vorm, omdat deze net als een springvorm uit twee delen bestaat. De bodem druk je na het bakken naar boven, zodat de taart loskomt uit de vorm.

Taartbakblik
Dit zijn rechthoekige of vierkante bakblikken. Let er goed op dat het bakblik in je oven past. Voor alle soorten plaatgebak zoals brownies en karamello's.

Taartringen
Deze ringen staan op een met bakpapier beklede bakplaat en zijn geschikt om te gebruiken voor allerlei soorten mousse en bavaroistaarten, zoals de Notre dame en de chocolade-karameltaart met tuttifrutti.

Porseleinen of aardewerk taartschalen
Ook wel 'pie dish' genoemd. Taarten uit deze vorm zijn meestal rustieke, landelijke taarten en worden in de vorm opgediend. Bijvoorbeeld Banoffee en Texas style applepie.

Siliconen bakvormen

Deze zijn in alle mogelijke vormen en prachtige modellen te verkrijgen. Geschikt voor koude bereidingen als bavarois, mousse en pudding. Je moet ze wel eerst invriezen voor je ze kunt lossen. Daarnaast kun je deze vormen ook gebruiken om in te bakken, bijvoorbeeld cakes en taarten. Dan heb je echter iets minder kleuring aan de buitenkant van de cake of taart doordat siliconen de warmte anders geleiden. Bij ingewikkelde vormen (met veel lagen) is het ook aan te raden de vorm eerst in te vriezen.

Bakpapier en siliconen bakmatje
Onmisbaar bij het bakken. Bakpapier voorkomt kleven en aanbakken van het gebak. Daarnaast houdt het je bakplaat mooi schoon. Bij alle soorten cake en taart die ondersteboven uit de vorm gelost moeten worden, is het aan te raden een op maat gemaakt stukje bakpapier onder in de vorm te leggen. Zo komt het gebak er altijd mooi uit. Siliconen bakmatjes zijn erg handig omdat ze mooi plat blijven liggen op de bakplaat en niets hierop blijft plakken. Je kunt ze wel duizend keer afwassen en ze blijven goed. Nooit op snijden natuurlijk!

Cupcakevormpjes / cupcaketrays
Er zijn veel verschillende vormen en materialen voor het bakken van cupcakes op de markt. Cupcaketrays zijn gemaakt van staal en vaak voorzien van een antiaanbaklaag. In deze trays zitten meestal twaalf conische vormen. Mijn tip is om toch altijd papieren cupcakevormpjes te gebruiken, in de bakkerij ook wel 'caisses' genoemd. Er is een enorme variëteit in prints en kleuren. Je vindt deze cups in veel supermarkten bij de bakingrediënten, in kookwinkels en natuurlijk online. Ze voorkomen dat je de cupcaketray moet schoonmaken. Een cupcaketray heb je echt nodig! Zonder tray zouden de cakejes helemaal uitzakken tijdens het bakken. Er zijn ook siliconen vormpjes en trays op de markt. Investeer in een goede kwaliteit. Deze zijn wel wat duurder, maar veel duurzamer in gebruik. Maak de cupcaketray altijd in een sopje schoon. Gebruik geen vaatwasser, het middel is te agressief voor de tray en zal de levensduur verkorten.

Rolstok en deegroller
Voor het uitrollen van alle soorten deeg, marsepein, en dergelijke. Gebruik het liefst een gewone rechttoe rechtaan rolstok van hout of kunststof. Hiermee kun je deeg gelijkmatig uitrollen. Gebruik voor zware deegsoorten een deegroller met handvatten. Koop het liefst één van goede kwaliteit. Die bevat kogellagers waardoor hij rolt als een Rolls-Royce. Leg de roller echter nooit in de vaatwasser of in water. Als gevolg hiervan gaan de lagers roesten en zal het hout barsten.

Nuttige tips

Werken met gelatine

Gelatine is een bindmiddel dat wordt gebruikt voor het maken van bavarois, mousse, pudding en gelei. Het is een eiwitproduct dat gemaakt wordt van onder andere huid, botten en kraakbeen van zoogdieren. Door deze langdurig te laten trekken in water, lossen de stoffen die voor gelering zorgen op. Vervolgens wordt deze bouillon ingedampt, gefiltreerd en gedroogd en in de handel gebracht in de vorm van poeder of blaadjes. Gelatine heeft de eigenschap op te lossen in een warme vloeistof en deze dan bij afkoeling (onder 25 °C) te laten stollen. Voor gebruik moet gelatine worden geweekt in koud water. Leg gelatineblaadjes altijd een voor een in ruim koud water. Zo plakken ze niet aan elkaar. Knijp ze na 10 minuten uit.

Gebruik bij poeder driemaal de hoeveelheid water en wacht tot het is opgenomen. Los de gelatine vervolgens op in de warme vloeistof, maar laat hem nooit koken omdat de bindkracht hierdoor afneemt. Als de vloeistof vervolgens afkoelt (eventueel versneld in een ijsbad), zal de gelatine weer vast worden en de massa binden. De precieze verhouding voor het gebruik van gelatine is van een aantal factoren afhankelijk: de zuurgraad van de vloeistof (ananas, kiwi en citroen hebben meer gelatine nodig dan bijvoorbeeld aardbeien), de tijd dat het eindproduct bewaard gaat worden en de omgevingstemperatuur. Vegetariërs kunnen als alternatief agaragar (uit zeewier) of Arabische gom gebruiken.

Werken met chocolade

Pure chocolade bestaat uit cacaomassa, cacaoboter en suiker. Technisch gezien is de cacaoboter het belangrijkste voor het smeltgedrag, de hardheid en de uiteindelijke kwaliteit van het chocoladewerk. In de cacaoboter bevinden zich namelijk verschillende cacaoboterkristallen die verantwoordelijk zijn voor perfect glanzende, knapperige, mooi uitgeharde chocolade. Als chocolade echter gesmolten wordt, vallen deze zogenaamde stabiele kristallen vanaf een temperatuur van ongeveer 34 °C uit elkaar. Ze smelten gewoon weg. Omdat volledig gesmolten chocolade meestal een temperatuur heeft tussen 40 en 45 °C, betekent dit dat alle stabiele kristallen hier zijn weggesmolten. Om deze stabiele kristallen vervolgens weer terug te krijgen in de chocolade, moet deze getempereerd worden. Tempereren betekent op temperatuur brengen. Bij een temperatuur van 26 °C worden de cacaoboterkristallen weer stabiel en vanaf 34 °C smelten ze weer weg.

Dit technische gegeven en het juist omgaan met temperaturen is wat werken met chocolade tot een uitdaging maakt. Voor het maken van bijvoorbeeld galletjes, bonbons en decoraties kun je dus nooit zomaar chocolade smelten, maken wat je wil maken en de chocolade weer hard laten worden. Verwarmde, gesmolten chocolade die niet getempereerd is, zal nooit mooi glanzend hard worden buiten de koelkast. Ja, uiteindelijk zal de chocolade wel gaan stollen, maar hij zal dof, grijs en een beetje zacht en korrelig worden. Voor het maken van een mousse, crème, ganache of saus is dit geen probleem. Dan smelt je gewoon de chocolade en verwerk je deze verder. Echter voor chocoladewerk als bonbons, decoratiechocolaatjes, flikken, repen en dergelijke moet chocolade altijd getempereerd worden.

Pure chocolade dient getempereerd te worden tot een temperatuur van 31 °C (maximaal 32 °C) en voor melkchocolade en witte chocolade is dit 30 °C. In chocoladefabrieken en in de industrie wordt het tempereerproces volledig automatisch geregeld. Op ambachtelijk niveau zijn er twee goede manieren om relatief eenvoudig te tempereren.

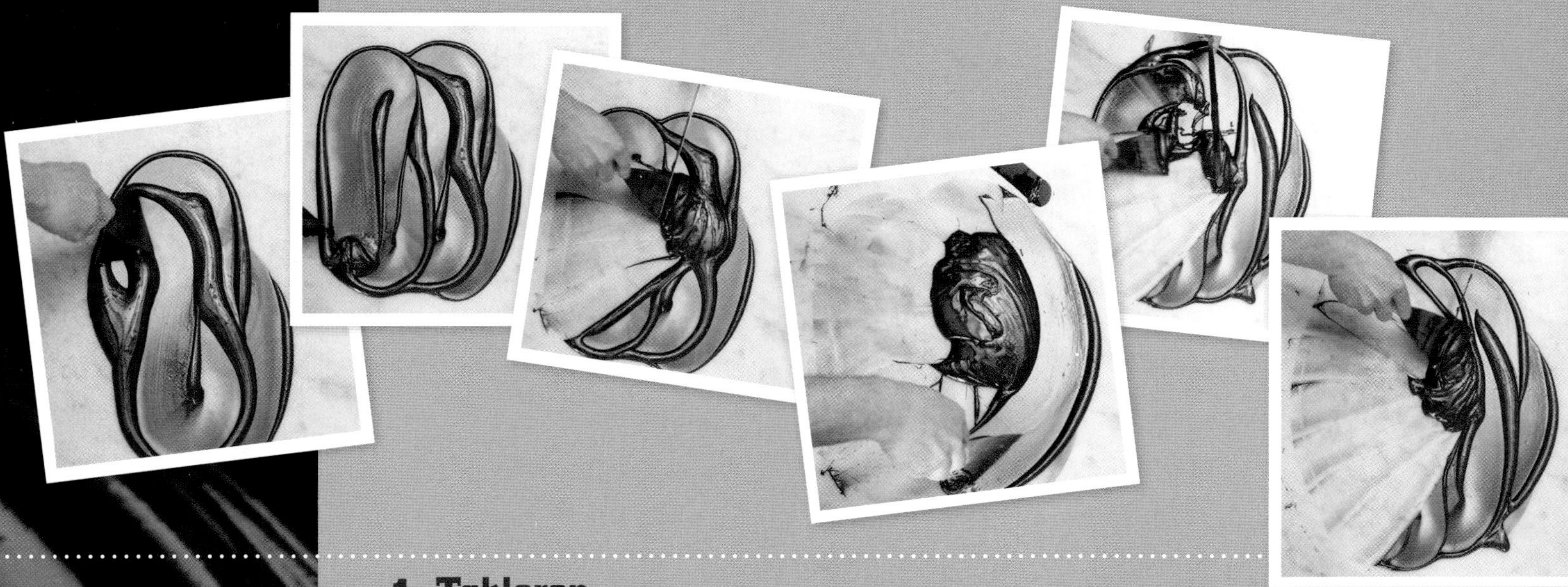

1. Tableren

'Tableren' is met behulp van een platen mes (in de bouw noemt men dit een plamuurmes) en eventueel een paletmes de gesmolten chocolade in beweging houden op een koele marmeren of stenen plaat of werkbank. Marmer wordt hiervoor het vaakst gebruikt omdat dit heel lang koel blijft en daardoor de chocolade goed terug kan koelen. Naast de temperatuur speelt ook de wrijving (frictie) een positieve rol bij het creëren van stabiele cacaoboterkristallen. Smelt eerst de chocolade au bain-marie en droog de onderkant van de kom goed af. Giet nu twee derde van de gesmolten chocolade op het marmer en tableer enkele keren heen en weer over het marmer. Strijk de chocolade uit, wacht enkele seconden en krab hem weer bij elkaar.

Langzaam zal de gesmolten chocolade wat dikker worden en een temperatuur bereiken van circa 26 °C. Dit is het moment om snel de getableerde chocolade bij elkaar te schrapen (voordat deze echt gaat stollen) en toe te voegen aan de kom waarin nog een derde gesmolten chocolade van circa 40 °C zit. Roer beide chocolades rustig door elkaar. De chocolade van 26 °C zit nu vol met stabiele kristallen en zal deze doorgeven aan de overige chocolade, zolang het totaal maar niet warmer wordt dan 32 of 33 °C; de ideale temperatuur is 31 °C. Nu is je chocolade klaar om ermee te maken wat je maar wilt.

2. De entmethode

Voor deze tempereermethode heb je geen marmeren plaat nodig. In de wetenschap dat alle chocolade die je koopt al in de fabriek getempereerd is, gebruik je nu de stabiele kristallen die al in de chocolade aanwezig zijn om hiermee de gesmolten chocolade te 'enten'. Als je 500 gram chocolade nodig hebt, laat je 400 gram (80%) au bain-marie smelten tot een temperatuur van circa 40 °C. Vervolgens hak je de overige 100 gram in kleine stukjes. Hiervan maak je drie hoopjes. Droog de onderkant van de kom goed af, voeg nu een deel van de gehakte chocolade toe en laat deze rustig roerend smelten.

De temperatuur van de chocolade zal hierdoor gaan dalen. Voeg het tweede deel toe, roer dit erdoor en voeg vervolgens de rest van de chocolade toe. Je zult merken dat de chocoladestukjes niet meer heel makkelijk smelten, omdat de totale temperatuur van de chocolade nu ergens rond de 31 °C zal liggen. Blijf rustig roeren totdat alle chocolade is gesmolten. De stabiele kristallen die in de gehakte chocolade aanwezig waren, hebben zich nu vermeerderd (ze zijn 'geënt') in de rest van de chocolade, waarmee hij klaar is om verwerkt te worden.

Nuttige tips

Werken met gist

Gist wordt gebruikt als rijsmiddel in brooddeeg, in luxe zoete degen, maar ook in oliebollen en sommige desserts. Bakkersgist, de soort die gebruikt wordt om mee te bakken, is zowel vers als gedroogd te koop. Verse gist is relatief kort houdbaar (enkele weken) en moet gekoeld bewaard worden. Gedroogde gist is tot twee jaar houdbaar mits goed droog bewaard. Om deze reden wordt door de thuisbakker meestal gedroogde gist gebruikt. Deze is te koop in kleine zakjes in de supermarkt bij de bakspullen. Gedroogde gist is geconcentreerd. De verhouding tussen droge gist en verse gist is 1:2,5. Met andere woorden: voor een recept dat uitgaat van 25 gram verse gist kun je ook 10 gram gedroogde gist gebruiken. Zelf gebruik ik meestal gedroogde gist omdat ik die het makkelijkst in voorraad kan houden.

Wat doet gist precies? Gist geeft luchtigheid aan een deeg of beslag en het geeft een bepaald aroma, dus smaak. Gedroogde gist kun je beschouwen als gistcellen die in een soort winterslaap zijn. Zo gauw ze in contact komen met vocht, voedsel en warmte worden ze weer actief. Gistcellen voeden zich met suikers (ook zetmeel) aanwezig in het deeg en ze zijn het meest actief bij een temperatuur tussen 25 en 35 °C. Om gistcellen extra actief te maken, wordt vaak een klein beetje suiker aan het deeg toegevoegd, maar nooit te veel, want dat maakt de gistcellen juist weer traag. Zout remt gistcellen af en daarom wordt zout nooit rechtstreeks op het gist gestrooid, maar meestal gemengd door de bloem. Terwijl de gistcellen in het deeg of beslag zich te goed doen aan suikers en de warmte, produceren ze alcohol en koolzuurgas. Feitelijk zijn dit de afvalproducten van de gistcellen. Tijdens het kneden van het deeg worden gluten (stevige eiwitten in het meel) gevormd, waardoor het deeg soepel en elastisch wordt. De gluten gaan vervolgens uitrekken door de vorming van koolzuurgas. Dit is het rijzen van het deeg en geeft dus een luchtig deeg. Met beslag gebeurt dit net zo, alleen zorgt dan stevig roeren in plaats van kneden voor de gluten. Je zou dus kunnen zeggen dat het koolzuurgas wordt gevangen in het rekbare deeg waardoor luchtigheid ontstaat.

Gist stopt met werken vanaf 45 °C. In de oven zal het deeg dus tijdens de opwarmfase nog een heel klein beetje kunnen uitzetten, maar boven de 45 °C zullen de gistcellen gewoon afsterven en zal het rijzen stoppen. Het zetmeel in de bloem zal gaar worden, waardoor het gebakken product de luchtige structuur behoudt.
De heerlijke geur die wij intussen ruiken, is onder andere de alcohol die tijdens het bakken verdampt.

Werken met bakpoeder

Bakpoeder is een chemisch middel dat gebruikt wordt om deeg of beslag te laten rijzen. Het vervangt gist als rijsmiddel. De meeste bakpoeders zijn samengesteld uit drie stoffen: ten eerste een basisch zout (carbonaat), meestal natriumbicarbonaat, ten tweede een zwak zuur (citroenzuur of wijnsteenzuur) en ten derde een antiklontermiddel zoals maïszetmeel. De werking van bakpoeder is gebaseerd op de reactie van het basisch zout met het zuur, zodra er vocht (water) bij komt. Dit gebeurt pas wanneer er deeg of beslag wordt gemaakt. Doordat het basisch zout het zuur gaat neutraliseren, komt hierbij koolzuurgas vrij. Dit koolzuurgas maakt het deeg of beslag luchtig. Omdat deze reactie vrij snel op gang komt, moeten deeg en beslag gemaakt met bakpoeder liefst snel gebakken worden omdat anders de werking al voorbij is. Om dit te ondervangen hebben de meeste bakpoeders een dubbele werking: de eerste die begint tijdens het mengen en de tweede die op gang komt bij hogere temperaturen in de oven. In Amerikaanse recepten zie je soms wel eens 'baking soda' staan. Dit is natriumbicarbonaat, dat ook wel zuiveringszout of dubbelkoolzuresoda wordt genoemd. Dit is dus het basische zout dat om als bakpoeder te kunnen functioneren nog wel een zuur nodig heeft. Je kunt natriumbicarbonaat en wijnsteenzuurpoeder kopen en zelf je eigen bakpoeder maken. Meng hiervoor een theelepel natriumbicarbonaat met twee theelepels wijnsteen- of citroenzuurpoeder en een theelepel maïzena. Bakpoeder laat geen smaak achter in het gebakken eindproduct, mits je niet te veel gebruikt. Als regel voeg je ongeveer 3% van de hoeveelheid bloem toe.

Werken met karamel

Karamel is suiker die door verhitting eerst smelt en vervolgens bruin kleurt. Dit proces wordt karamelliseren genoemd. Voor het maken van karamel zijn er twee methodes: de natte en de droge.
Voor de natte methode: zet twee tot drie delen suiker met één deel koud water op het vuur en breng langzaam aan de kook. De suikerkristallen lossen op in het water. Laat vervolgens de siroop zonder erin te roeren inkoken tot karamel. Voordeel van deze methode is dat het karamelliseren heel geleidelijk gaat waardoor kans op verbranding minder groot is. De droge methode gaat iets sneller, maar daar moet je echt bij blijven. Doe de suiker in een droge pan met dikke bodem en verhit langzaam tot 170 °C. Bij deze temperatuur krijgt de karamel een mooie diepgoudbruine kleur en de typische karamelsmaak en geur. Je beoordeelt dit over het algemeen gewoon 'op het oog'. Laat de karamel nu niet warmer en donkerder worden, want dan wordt de smaak bitter en kan de suiker zelfs verbranden. Je moet dus snel werken als de karamel op temperatuur is. Als je voor een recept karamelgruis of stukjes nodig hebt, giet dan de karamel meteen uit de pan op bakpapier en laat het afkoelen. Na afkoeling zal de karamel erg hard worden.

Nougatine is karamel waaraan in de pan aan het einde van het karamelliseren gehakte geroosterde noten worden toegevoegd. Giet vervolgens uit op bakpapier en laat afkoelen. Gehakte nougatine wordt gebruikt in nougatinetaarten, in ijs en chocolade en als aanzetsel voor taarten.
Voor karamelsaus: blus de hete karamel af met kokende slagroom en houd aan de kook totdat de karamel in de room is opgelost. Romige karamel, ook wel toffee genoemd, is karamel waaraan zowel kokende room als, van het vuur af, roomboter is toegevoegd. Na afkoeling geeft dit een romige, taaie karamel. Als de toffee na afkoeling te vast is, kun je er wat extra room, melk of zelfs water door roeren.

Koek & koekjes

Dambordkoekjes

Vanilledeeg en chocoladedeeg slim gestapeld met als eindresultaat een mooi koekje

Hoeveelheid: circa 40 stuks
Bereidingstijd: circa 50 minuten
Wachttijd: 30 minuten
Oventijd: 10 minuten

Moeilijkheidsgraad: **

Extra nodig: deegroller, plasticfolie, bakpapier

Ingrediënten

1 vanillestokje
600 g bloem
300 g suiker
2 eieren
300 g koude roomboter, in blokjes gesneden
1 eetlepel cacaopoeder
1 eiwit, losgeklopt
extra bloem om te bestuiven

Bereidingswijze:

1 Maak eerst het deeg. Schraap het merg uit het vanillestokje. Maak op het aanrecht een berg van de bloem, maak in het midden een kuil en doe er het vanillemerg, de suiker, de eieren en de blokjes boter in. Snijd met een mes alles voorzichtig door. Kneed daarna circa 3 minuten goed door tot het een egaal deeg is. Meng iets meer dan de helft van het deeg met de cacaopoeder en kneed dit goed door.

2 Rol het lichte deeg uit tot een vierkante plak van circa 5 mm dik.

3 Rol iets meer dan de helft van het donkere deeg uit tot een vierkante plak van 5 mm dik.

4 Snijd beide kleuren deeg in lange repen van circa 1 cm breed. Bestuif het deeg eventueel met extra bloem om plakken tegen te gaan.

5 Rol de rest van het donkere deeg uit tot een vierkante plak van 3 mm dik.

6 Leg drie repen deeg om en om naast elkaar, bijvoorbeeld donker-licht-donker. Druk zachtjes tegen elkaar. Bestrijk met het losgeklopte eiwit. Leg hierop weer drie repen, nu licht-donker-licht, zodat er een dambordmotief ontstaat. Bestrijk weer met eiwit. Ga zo verder tot het vierkant 3 cm hoog is.

7 Bestrijk de overgebleven plak deeg (van 3 mm dik) met losgeklopt eiwit en verpak hiermee de vierkante koek. Snijd het teveel aan deeg weg. Maak van het overgebleven deeg op dezelfde manier nog een vierkante koek.

8 Pak de lange vierkante koekstaaf in met plasticfolie en leg in de koelkast. Laat het deeg 30 minuten opstijven.

9 Verwarm de oven voor op 200 °C. Bekleed een bakplaat met bakpapier. Snijd het gekoelde deeg in plakjes van circa 1 cm dik en leg ze op de bakplaat. Bak de koekjes circa 10 minuten in de oven af en laat ze afkoelen.

Zandkoekjes

Zo simpel en leuk om te maken!
Kies je favoriete vormpjes en maak er een feest van.

Hoeveelheid: circa 20 stuks
Bereidingstijd: circa 15 minuten
Wachttijd: 30 minuten
Oventijd: 15 minuten

Moeilijkheidsgraad: *

Extra nodig: plasticfolie, deegroller, bakpapier, figuurstekers

Ingrediënten

125 g roomboter, op kamertemperatuur
75 g poedersuiker
2 theelepels vanillesuiker
mespuntje zout
135 g bloem
1 eetlepel cacaopoeder
extra bloem om te bestuiven

Bereidingswijze:

1 Kneed zachte boter, poedersuiker, vanillesuiker, zout en bloem tot een soepel deeg.

2 Verdeel het deeg in twee helften en kneed door één helft de cacaopoeder.

3 Verpak de twee deegballen in plasticfolie en laat circa 30 minuten rusten in de koelkast.

4 Verwarm de oven voor op 170 °C. Bekleed een bakplaat met bakpapier.

5 Bestuif het aanrecht met wat bloem en rol de twee soorten deeg uit tot plakken van circa 5 mm dik. Steek figuurtjes uit naar wens.

6 Leg de figuurtjes op de met bakpapier beklede bakplaat en bak de koekjes circa 15 minuten in de oven goudbruin en gaar.

Bokkenpootjes

Krokant van buiten en smeuïg van binnen.
Twee heerlijke amandelkoekjes gevuld met botercrème en gedipt in chocolade.

Hoeveelheid: circa 20 stuks
Bereidingstijd: circa 45 minuten
Oventijd: 15 minuten

Moeilijkheidsgraad: **

Extra nodig: bakpapier, 2 spuitzakken, glad spuitmondje, plasticfolie

Ingrediënten

Biscuit
200 g eiwit
225 g suiker
1 mespunt zout
175 g amandelpoeder*
75 g poedersuiker
1 vanillestokje
40 g bloem
3 eetlepels geschaafde amandelen

Banketbakkersroom
250 ml melk
1 vanillestokje
2 eidooiers
50 g suiker
1 eetlepel bloem

Botercrème
250 g roomboter, op kamertemperatuur
60 g poedersuiker
250 g banketbakkersroom (zie boven)

Garnering
300 g pure chocolade

Bereidingswijze:

1 Verwarm de oven voor op 180 °C. Bekleed een bakplaat met bakpapier.

2 **Biscuit:**
Klop de eiwitten, de suiker en het mespuntje zout tot stijve pieken. Meng de amandelpoeder met de poedersuiker. Halveer het vanillestokje in de lengte, schraap het merg eruit en meng dit door de bloem. Spatel het amandel-poedersuikermengsel door het geklopte eiwit en zeef het bloem-vanillemengsel erboven. Spatel voorzichtig door elkaar en schep het beslag in een spuitzak met glad spuitmondje. Spuit korte banen van ongeveer 10 cm op de met bakpapier beklede bakplaat. Bestrooi ze met de geschaafde amandelen. Bak de bokkenpootjes circa 15 minuten in de voorverwarmde oven en laat ze afkoelen.

3 **Banketbakkersroom:**
Breng de melk aan de kook. Halveer het vanillestokje in de lengte en schraap het merg eruit. Voeg het vanillemerg toe aan de melk. Bewaar voor zelfgemaakte vanillesuiker het stokje in een pot met suiker (zie hoofdstuk Culinaire cadeautjes, blz. 247). Zet het vuur lager, laat de melk 5 minuten zachtjes trekken en roer af en toe rustig door. Klop intussen de eidooiers met de suiker tot een crème. Voeg de bloem toe en giet de hete melk al roerende bij het eimengsel. Schenk terug in de pan en laat de banketbakkersroom nog 5 minuten op laag vuur zachtjes koken. Blijf roeren. Giet dan op een plat bord of schaal, dek af met plasticfolie en laat afkoelen. Het afdekken is om het afkoelen te versnellen en velvorming tegen te gaan.

4 **Botercrème:**
Klop in een kom de zachte roomboter met de poedersuiker luchtig en meng met de banketbakkersroom. Schep de crème in een spuitzak. Spuit bij de helft van de gebakken koekjes op de platte kant wat botercrème en druk er voorzichtig een ander koekje tegenaan.

5 **Garnering:**
Smelt de chocolade au bain-marie tot 31 °C (zie voor meer uitleg hierover het hoofdstuk Nuttige tips, werken met chocolade, blz. 16). Dompel de uiteindes van de bokkenpootjes in de chocolade en laat afkoelen.

Tip

***Amandelpoeder:**
te koop bij de biologische winkel of hak 175 g geschaafde amandelen zo fijn mogelijk in een keukenmachine.

Goudse moppen

Het woord 'mop' verwijst niet naar een grap, maar naar de vorm van dit typisch Nederlandse koekje. Al in de zeventiende eeuw werden deze koekjes in de kaasstad Gouda gebakken. De suiker langs de rand zorgt voor een extra hard gebakken randje.

Hoeveelheid: circa 25 stuks
Bereidingstijd: circa 10 minuten
Wachttijd: 30 minuten
Oventijd: 15 minuten

Moeilijkheidsgraad: *

Extra nodig: deegroller, plasticfolie, bakpapier

Ingrediënten

1 citroen
125 g witte basterdsuiker
200 g roomboter
1 eidooier
mespuntje zout
250 g bloem
50 g extra suiker

Bereidingswijze:

1 Was de citroen goed. Rasp de schil (alleen het geel).

2 Meng de basterdsuiker met de boter, eidooier, het zout en de rasp van de citroenschil. Voeg de bloem toe en kneed tot een soepel deeg.

3 Rol het deeg uit tot een pil (een rol) van 3,5 cm doorsnede. Dek af met plasticfolie en laat het deeg circa 30 minuten rusten in de koelkast.

4 Verwarm de oven voor op 170 °C. Bekleed een bakplaat met bakpapier.

5 Rol de pil deeg door de extra suiker. Snijd de pil in plakjes van circa 1 cm dik en leg ze op de met bakpapier beklede bakplaat. Laat genoeg ruimte tussen de koekjes, omdat ze tijdens het bakken groter worden. Bak de koekjes in de oven in circa 15 minuten goudbruin en gaar.

Chocolate Chip Cookies

Amerikaanse koekjes met chocolade en walnoten, net zo makkelijk te maken als dat ze lekker zijn.

Hoeveelheid: circa 14 stuks
Bereidingstijd: circa 15 minuten
Oventijd: 13 minuten

Moeilijkheidsgraad: *

Extra nodig: bakpapier

Ingrediënten

160 g bloem
115 g boter, op kamertemperatuur
1 ei
180 g lichte basterdsuiker
90 g walnoten
180 g pure chocolade

Bereidingswijze:

1 Verwarm de oven voor op 200 °C. Bekleed een bakplaat met bakpapier.

2 Maak een kuiltje in de bloem en meng daarin de zachte boter, het ei en de suiker met elkaar en kneed beetje bij beetje de bloem erdoor.

3 Hak of plet de noten en de chocolade en meng de stukjes door het deeg. Draai bolletjes van het deeg, leg ze op de met bakpapier beklede bakplaat en druk ze plat tot circa 1 cm dik. Of gebruik hiervoor een ijsknijper. Bak de koekjes in de oven in circa 13 minuten goudbruin en gaar.

Tip:

Gebruik een rolstok of de bodem van een pannetje om de noten en chocolade grof te pletten.

Kokosbollen

Ben je op zoek naar een supermakkelijk recept dat altijd lukt?
Dan moet je beslist deze heerlijk smeuïge kokosbollen eens proberen.

Hoeveelheid: circa 10 stuks
Bereidingstijd: circa 15 minuten
Oventijd: 10 minuten

Moeilijkheidsgraad: *

Extra nodig: bakpapier

Ingrediënten

250 g suiker
250 g geraspte kokos
3 eieren
1 eidooier

Bereidingswijze:

1 Verwarm de oven voor op 180 °C. Bekleed een bakplaat met bakpapier.

2 Meng de suiker, kokosrasp, eieren en eidooier door elkaar. Rol er met je handen bollen (doorsnede circa 5 cm) van en leg de bollen op de met bakpapier beklede bakplaat. De bollen zakken tijdens het bakken uit, dus geef ze een beetje de ruimte op de bakplaat.

3 Bak de kokosbollen in de oven in circa 10 minuten goudbruin en gaar.

Gevulde chocoladekoekjes

Dit recept evenaart een van 's werelds beroemdste koekjes: Oreo's. Oreo-koekjes worden al sinds 1912 gemaakt in Amerika en hebben over de jaren een ware cultstatus bereikt. Ze worden in heel veel recepten gebruikt: in shakes, taarten, desserts en in de Cookie-monstercupcake (zie Rudolph's cupcakes). Door het hoge cacaoaandeel is het deeg bijna zwart van kleur en is het tevens erg droog tijdens de verwerking.

Hoeveelheid: circa 20 stuks
Bereidingstijd: circa 40 minuten
Wachttijd: 4 uur
Oventijd: 20 minuten

Moeilijkheidsgraad: **

Extra nodig: plasticfolie

Ingrediënten

Deeg
150 g pure chocolade
200 g bloem
1 theelepel bakpoeder
215 g cacaopoeder
1 vanillestokje
230 g roomboter
100 g suiker
1 ei
Vulling
115 g roomboter, op kamertemperatuur
215 g poedersuiker
1 vanillestokje
2 theelepels melk

Bereidingswijze:

1 **Deeg:**
Smelt de chocolade au bain-marie.

2 Meng de bloem, bakpoeder en cacaopoeder met elkaar.

3 Halveer het vanillestokje in de lengte en schraap het merg eruit. Smelt de boter en meng het vanillemerg erdoor. Los de suiker op in de vanilleboter en roer de gesmolten chocolade erdoor. Meng dit door het bloemmengsel en roer het ei erdoor.

4 Verpak het deeg in plasticfolie tot een grote toffee van circa 6 cm doorsnede. Laat minstens 4 uur in de koelkast opstijven.

5 Verwarm de oven voor op 160 °C. Bekleed een bakplaat met bakpapier.

6 Snijd het deeg in plakken van 5 mm en leg ze op de met bakpapier beklede bakplaat. Bak de koekjes in circa 20 minuten goudbruin en gaar in de oven. Pas op: de koekjes verbranden snel. Laat de koekjes afkoelen.

7 **Vulling:**
Maak nu de vulling: roer de zachte boter glad met de poedersuiker. Halveer het vanillestokje in de lengte, schraap het merg eruit en meng samen met de melk door de boter.

8 Strijk een beetje vulling op de onderkant van een koekje en druk er een ander koekje tegenaan.

Tip:

Je kunt de vulling ook in een spuitzak met een gladde spuitmond doen.

Makkelijke jamkoekjes

Leuke koekjes om met de kinderen te maken.

Hoeveelheid: circa 30 stuks
Bereidingstijd: circa 30 minuten
Wachttijd: 1 uur
Oventijd: 15 minuten

Moeilijkheidsgraad: *

Extra nodig: plasticfolie, bakpapier

Ingrediënten

1 vanillestokje
265 g roomboter
200 g witte basterdsuiker
1 ei
1 eidooier
280 g bloem
7 g bakpoeder
mespuntje zout
100 g frambozenjam

Bereidingswijze:

1 Halveer het vanillestokje in de lengte en schraap het merg eruit.

2 Klop boter, vanillemerg en basterdsuiker luchtig. Roer het ei en de eidooier door het botermengsel.

3 Meng de bloem met bakpoeder en zout. Kneed het bloemmengsel beetje bij beetje door de boter tot er een egaal deeg ontstaat en rol het deeg tot een rol. Verpak het deeg in plasticfolie en laat circa 1 uur rusten in de koelkast.

4 Verwarm de oven voor op 175 °C. Bekleed een bakplaat met bakpapier.

5 Snijd de pil in circa 30 gelijke plakjes en rol de plakjes tot bolletjes. Verdeel de bolletjes over de met bakpapier beklede bakplaat en druk ze met je handpalm iets plat. Leg de koekjes ver genoeg uit elkaar, want tijdens het bakken lopen de koekjes uit. Druk met een vinger een kuiltje in elk stukje deeg. Roer de jam los en lepel de jam in de kuiltjes. Bak de koekjes in circa 15 minuten goudbruin en gaar in de oven.

Suikervrije bananenkoekjes

Een lekker knabbelkoekje voor wie geen suiker mag of wil.

Hoeveelheid: circa 16 stuks
Bereidingstijd: circa 10 minuten
Oventijd: 30 minuten

Moeilijkheidsgraad: *

Extra nodig: bakvorm van 21 x 21 cm, bakpapier

Ingrediënten

boter om in te vetten
30 g dadels zonder pit
40 g gemengde noten
2 bananen
1 vanillestokje
240 g havermout
mespunt zout
1 theelepel kaneelpoeder

Bereidingswijze:

1 Verwarm de oven voor op 180 °C. Vet de bakvorm in met wat boter en bekleed met bakpapier.

2 Hak de dadels en de noten fijn. Pel de bananen en prak ze tot pulp. Halveer het vanillestokje in de lengte en schraap het merg eruit. Roer het merg door de banaan.

3 Meng havermout, zout, gehakte dadels en noten door de bananenpulp en meng er de helft van de kaneelpoeder door.

4 Verdeel het mengsel in de beklede bakvorm en druk aan. Bestuif met de rest van de kaneelpoeder en bak in circa 30 minuten goudbruin en gaar. Snijd de nog lauwe koek in vierkantjes van circa 4 bij 4 cm.

Bitterkoekjes

Lekker in de vla, in bitterkoekjespudding (zie blz. 269) of gewoon zoals ze zijn.

Hoeveelheid: circa 20 stuks
Bereidingstijd: circa 15 minuten
Oventijd: 10 minuten

Moeilijkheidsgraad: *

Extra nodig: bakpapier, spuitzak met glad spuitmondje

Ingrediënten

150 g gepelde amandelen
150 g poedersuiker
2 eiwitten
scheutje amaretto

Bereidingswijze:

1. Verwarm de oven voor op 190 °C. Bekleed een bakplaat met bakpapier.

2. Hak in een keukenmachine de amandelen met de suiker en de eiwitten tot een glad beslag. Breng op smaak met een scheutje amaretto.

3. Schep het beslag in een spuitzak met een gladde spuitmond.

4. Spuit rondjes met een doorsnede van 4 cm op de met bakpapier beklede bakplaat. Druk de pieken van het beslag iets plat met een natte vinger. Bak de koekjes in circa 10 minuten goudbruin en gaar in de oven.

Tip

In originele bitterkoekjes wordt een klein aandeel bittere amandelen gebruikt.
Bittere amandelen worden online verkocht. Je kunt dan 25 gram gewone amandelen vervangen door bittere amandelen.

Spritsen

Spritsen worden gemaakt van een zogenaamd 'wrijfdeeg'. De warmte van je hand zorgt voor een mooi spuitbaar en zalvig spritsdeeg.

Hoeveelheid: circa 12 stuks
Bereidingstijd: circa 30 minuten
Oventijd: 17 minuten

Moeilijkheidsgraad: *

Extra nodig: bakpapier, spuitzak met kartelspuitmond

Ingrediënten

1 vanillestokje
320 g roomboter, op kamertemperatuur
200 g witte basterdsuiker
1 ei
400 g bloem
zout

Bereidingswijze:

1 Verwarm de oven voor op 170 °C. Bekleed een bakplaat met bakpapier.

2 Snijd het vanillestokje open en schraap het merg eruit.

3 Wrijf op het aanrecht boter, suiker en een snufje zout met de hand glad en zalvig. Voeg het ei en vanillemerg toe en meng tot een gladde massa. Meng het bloem erbij tot er een zacht beslag ontstaat. Schep het beslag in de spuitzak.

4 Spuit het beslag in een zigzagmodel van circa 10 cm lang en 5 cm breed op de met bakpapier beklede bakplaat. Bak de spritsen circa 17 minuten goudbruin in de oven.

Havermoutkoekjes

Heerlijke, robuuste koeken met een vleugje kaneel.

Hoeveelheid: circa 24 stuks
Bereidingstijd: circa 20 minuten
Oventijd: 10 minuten

Moeilijkheidsgraad: *

Extra nodig: bakpapier, kleine ijslepel

Ingrediënten

120 g bloem
130 g havermout
7 g bakpoeder
4 g kaneelpoeder
6 g zout
60 g roomboter, op kamertemperatuur
100 g suiker
100 g bruine basterdsuiker
2 eieren
1 vanillestokje
75 g pecannoten, fijngehakt

Bereidingswijze:

1 Verwarm de oven voor op 190 °C. Bekleed een bakplaat met bakpapier.

2 Meng in een kom de bloem, havermout, bakpoeder, kaneelpoeder en het zout door elkaar.

3 Klop in een andere kom de zachte boter met beide soorten suiker rustig zalvig. Meng de eieren een voor een door het botermengsel. Snijd het vanillestokje open en schraap het merg eruit. Voeg het vanillemerg toe en meng nog circa 2 minuten.

4 Voeg het bloemmengsel toe en meng tot een glad beslag. Voeg de fijngehakte pecannoten toe.

5 Knijp met een ijslepel 24 kleine bolletjes van het beslag en verspreid ze op de met bakpapier beklede bakplaat. Bak de koekjes circa 10 minuten in de oven gaar.

Amaretti al grappa

Een van mijn favoriete koekjes. Je moet er wel rekening mee houden dat de koekjes voor ze gebakken worden een nacht moeten drogen. Hierdoor krijgen ze hun prachtige gecraqueleerde uiterlijk. Deze koekjes bestaan uit drie heerlijkheden: een hard Italiaans amandelkoekje, daaronder een zachte botercrème met een vleugje grappa, vervolgens gedipt in donkere chocolade.

Hoeveelheid: circa 20 stuks
Bereidingstijd: circa 30 minuten
Wachttijd: 12 uur drogen
Oventijd: 4 minuten

Moeilijkheidsgraad: **

Extra nodig: bakplaat, bakpapier, plasticfolie, spuitzak met glad spuitmondje, vriezer

Ingrediënten

Amaretti
200 g witte amandelen
10 amandelen met vlies
500 g suiker
3 eiwitten
poedersuiker om te bestuiven

Banketbakkersroom
250 ml melk
1 vanillestokje
2 eidooiers
50 g suiker
1 eetlepel bloem

Botercrème
250 g roomboter, op kamertemperatuur
60 g poedersuiker
250 g banketbakkersroom (zie boven)
1 scheut grappa

Garnering
200 g pure chocolade

Bereidingswijze:

1 Dag ervoor:
Amaretti:
Maal de amandelen fijn in een keukenmachine en voeg de suiker en de eiwitten toe. Schep het amandelspijs in een spuitzak en spuit kleine hoopjes op een met bakpapier beklede bakplaat. Bestuif met poedersuiker en laat op kamertemperatuur circa 12 uur drogen.

2 Dag zelf:
Amaretti:
Verwarm de oven voor op 220 °C.
Druk de hoopjes spijs met 4 vingers in aan de zijkanten zodat de koekjes craqueleren. Bak de koekjes circa 4 minuten in de oven en laat ze afkoelen.

3 **Banketbakkersroom:**
Breng de melk aan de kook. Halveer het vanillestokje in de lengte en schraap het merg eruit. Voeg het vanillemerg toe aan de melk. Bewaar voor zelfgemaakte vanillesuiker het stokje in een pot met suiker (zie hoofdstuk Culinaire cadeautjes, blz. 247). Zet het vuur lager, laat de melk 5 minuten zachtjes trekken en roer af en toe rustig door. Klop intussen de twee eidooiers met de suiker tot een crème. Voeg de bloem toe en giet de hete melk al roerende bij het eimengsel. Schenk terug in de pan en laat de bakkersroom nog 5 minuten zachtjes op laag vuur koken. Blijf roeren. Giet dan op een plat bord of schaal, dek af met plasticfolie en laat afkoelen. Het afdekken is om het afkoelen te versnellen en velvorming tegen te gaan.

4 **Botercrème:**
Bekleed een bakplaat (of platte schaal) die in de vriezer past met bakpapier. Klop in een kom de zachte boter met de poedersuiker luchtig. Roer de banketbakkersroom en de grappa erdoor. Schep de botercrème in de spuitzak en spuit kleine dopjes op de bakplaat met bakpapier. Zet de amaretti op de botercrème. Zet de plaat circa 1 uur in de vriezer om aan te vriezen.

5 **Garnering:**
Smelt intussen de chocolade au bain-marie. Zorg ervoor dat de chocolade niet te warm wordt.

6 Dompel de onderkant van de koekjes in de chocolade tot de botercrème bedekt is.

Tip

Grappa is een Italiaans distillaat gemaakt van restanten van de druiven na de wijnbereiding. Het alcoholpercentage is gemiddeld 40%. In plaats van grappa kun je ook whisky, cognac, kirsch of limoncello gebruiken.

Chocolate crinkle cookies

Een makkelijk te maken koekje waarvoor je geen extra gereedschap nodig hebt. Je rolt ze gewoon tussen je handen. De ballen zullen tijdens het bakken uitzakken en er dankzij de poedersuiker gecraqueleerd uitzien.

Hoeveelheid: circa 30 stuks
Bereidingstijd: circa 30 minuten
Wachttijd: 2 uur
Oventijd: 17 minuten

Moeilijkheidsgraad: *

Extra nodig: bakpapier

Ingrediënten

200 g pure chocolade
30 g roomboter
250 g suiker
2 eieren
120 g bloem
mespuntje zout
7 g bakpoeder
25 g cacaopoeder
100 g poedersuiker

Bereidingswijze:

1 Smelt 50 g chocolade met de boter au bain-marie en roer tot een egale massa. Hak de rest van de chocolade fijn.

2 Meng de suiker en eieren door het boter-chocolademengsel.

3 Meng dan de bloem, het zout, de bak- en cacaopoeder door het eimengsel. Meng als laatste de gehakte chocolade erdoor. Laat het beslag circa 2 uur in de koelkast opstijven.

4 Verwarm de oven voor op 180 °C. Bekleed een bakplaat met bakpapier.

5 Rol met je handen ballen van het beslag ter grootte van een pingpongbal. Wentel de ballen door de poedersuiker en leg ze op de met bakpapier beklede bakplaat. Bak de chocolate crinkle cookies in circa 17 minuten gaar.

Macadamia-chocokoeken

Heel makkelijk te maken koeken met een lekkere 'bite'.

Hoeveelheid: circa 10 stuks
Bereidingstijd: circa 5 minuten
Oventijd: 20 minuten

Moeilijkheidsgraad: *

Extra nodig: bakpapier

Ingrediënten

125 g macadamianoten
100 g pure chocolade
1 vanillestokje
125 g roomboter, op kamertemperatuur
75 g suiker
175 g bloem
7 g bakpoeder
1 ei

Bereidingswijze:

1 Verwarm de oven voor op 180 °C. Bekleed een bakplaat met bakpapier. Hak de noten en chocolade fijn. Halveer het vanillestokje in de lengte en schraap het merg eruit.

2 Roer de zachte boter los met het vanillemerg en suiker. Meng de gehakte noten, chocolade, bloem, bakpoeder, suiker en het ei erdoor en kneed tot een soepel deeg.

3 Maak 10 ballen van het deeg en verdeel ze over de met bakpapier beklede bakplaat. Druk de deegballen plat. Bak de koeken in circa 20 minuten gaar in de oven.

Tip

Ook lekker met hazelnoten.

Boterkoek

Leuk om te serveren op een snijplankje en aan tafel in puntjes te snijden.

Hoeveelheid: 1 boterkoek
Bereidingstijd: circa 10 minuten
Oventijd: 25 minuten

Moeilijkheidsgraad: *

Extra nodig: lage ronde of vierkante bakvorm, bakpapier

Ingrediënten

boter om in te vetten
250 g roomboter, op kamertemperatuur
250 g suiker
1 ei
mespuntje zout
250 g bloem
20 ml melk

Bereidingswijze:

1 Verwarm de oven voor op 180 °C. Vet de bakvorm in met boter en bekleed de bodem met bakpapier.

2 Klop de zachte boter met de suiker en roer het ei en zout erdoor. Voeg de bloem toe en kneed er een soepel deeg van.

3 Duw het deeg in de vorm, bestrijk met melk en teken er met een vork een rastermotief in.

4 Bak de boterkoek in de oven in circa 25 minuten goudbruin en gaar.

Grote berenkoeken

Deze koeken toveren een glimlach op ieders gezicht.

Hoeveelheid: 6-8 stuks
Bereidingstijd: circa 1 uur
Wachttijd: 30 minuten
Oventijd: 15 minuten

Moeilijkheidsgraad: *

Extra nodig: karton, schaar, plasticfolie, bakpapier, spuitzak, deegroller, stekerdoos

Ingrediënten

Deeg
250 g boter, op kamertemperatuur
150 g poedersuiker
1 eetlepel vanillesuiker
snufje zout
2 eetlepels cacaopoeder
135 g bloem

Versiering
50 g chocolade
100 g marsepein
poedersuiker om marsepein uit te rollen
1 theelepel cacaopoeder

Bereidingswijze:

1 Mal:
Teken op een stuk karton een berenhoofd met een doorsnede van circa 12 cm en knip dit uit.

2 Deeg:
Kneed de zachte boter, poedersuiker, vanillesuiker, cacaopoeder, bloem en het zout tot een soepel deeg. Verpak het deeg in plasticfolie en laat circa 30 minuten rusten in de koelkast.

3 Verwarm de oven voor op 170 °C. Bekleed een bakplaat met bakpapier.

4 Rol het deeg uit tot een plak van circa 4 mm dik. Leg de kartonnen berenmal op het deeg en snijd het deeg rondom weg. Herhaal tot er niet meer genoeg deeg is. Leg de berenkoeken op de met bakpapier beklede bakplaat. Afsnijdsels weer samen kneden, uitrollen en uitsnijden. Bak de koeken in de oven in circa 15 minuten gaar. Laat ze afkoelen.

5 Versiering:
Hak de chocolade fijn en smelt au bain-marie. Schep de chocolade in een spuitzak of cornetje.

6 Rol de marsepein uit op een met poedersuiker bestoven werkvlak. Steek er per berenkoek 2 cirkels van 2 cm doorsnede (ogen), 2 cirkels van 4 cm doorsnede (oren) en 1 cirkel van 6 cm doorsnede (snuit) uit.

7 Spuit puntjes chocolade op de plaatsen waar de ogen, oren en snoet moeten komen en leg de marsepeinen cirkels erop. Maak met een druppel chocolade pupillen in de ogen. Spuit met de chocolade een mondje.

8 Druk je duim of vinger in de cacaopoeder en stempel hiermee een afdruk op de marsepeinen oren.

mijn Heerlijke
Mega Cupcake's!
Rudolf. Wij vinden jou taarten
slagroom
mander-
ijnen
aardbei-
en
banaan

Friese oranjekoek

Vroeger was deze koek een traditie bij Friese bruiloften. Maar tegenwoordig is hij in heel Nederland een bekende lekkernij. De oranjekoek dankt zijn naam aan de gekonfijte sinaasappelschil die in en op de koek gebruikt wordt.

Hoeveelheid: 1 koek
Bereidingstijd: 30 minuten
Wachttijd: 30 minuten
Oventijd: 30 minuten

Moeilijkheidsgraad: **

Extra nodig: plasticfolie, vierkante bakvorm van 21 x 21 cm, bakpapier, deegroller, spuitzak met kartelmondje, kwast

Ingrediënten

Amandelspijs
150 g gepelde amandelen
150 g suiker
1 eiwit
Deeg
120 g gekonfijte sinaasappelsnippers
1 ei
200 g lichte basterdsuiker
30 g roomboter
350 g zelfrijzend bakmeel
2 theelepels anijszaad
100 ml water
boter om in te vetten
bloem om te bestuiven
Garnering
200 ml slagroom
50 g suiker
100 g poedersuiker
2 eetlepels rode bessensap
1 theelepel kurkuma
chocoladesnippers

Bereidingswijze:

1 **Amandelspijs:**
Maal de amandelen en suiker fijn in een keukenmachine en meng het eiwit erdoor.

2 **Deeg:**
Snijd 100 gram sinaasappelsnippers fijn. Bewaar 20 gram voor de garnering.

3 Meng het ei met suiker, boter, zelfrijzend bakmeel, anijszaad, water en de fijngesneden sinaasappelsnippers. Pak het deeg in plasticfolie en laat het 30 minuten opstijven in de koelkast.

4 Verwarm de oven voor op 160 °C. Vet de bakvorm in met boter en bekleed met bakpapier.

5 Bestuif het deeg met wat bloem en rol het uit in twee plakken ter grootte van de bakvorm. Leg één plak deeg op de bodem, verdeel de amandelspijs erover en leg de tweede plak deeg erop.

6 Bak het deeg in de oven in circa 30 minuten goudbruin en gaar. Haal de koek uit de vorm en laat hem afkoelen.

7 **Garnering:**
Klop de slagroom met de suiker stijf en schep de slagroom in een spuitzak met een gekarteld spuitmondje. Meng de poedersuiker met het bessensap en de kurkuma. Strijk dit mengsel op de bovenkant van de koek. Snijd de randen van de taart eraf. Spuit de slagroom op de koek en steek er het restant sinaasappelsnippers en chocoladesnippers in.

Roze koeken

Deze koeken met hun karakteristieke roze kleur worden ook wel glacékoeken genoemd. Wie kent ze niet van de school- of zwembadkantine? Met bietensap maak je een prachtige, roze glazuur.

Hoeveelheid: circa 8 stuks
Bereidingstijd: circa 15 minuten
Oventijd: 30 minuten

Moeilijkheidsgraad: *

Extra nodig: 8 kartelvormige bakvormpjes, kwast

Ingrediënten

Cake
boter om in te vetten
200 g roomboter, op kamertemperatuur
200 g suiker
4 eieren
200 g bloem
Glazuur
2 eetlepels bietensap
300 g poedersuiker

Bereidingswijze:

1. **Cake:**
Verwarm de oven voor op 175 °C. Vet de bakvormpjes in met boter.

2. Klop de boter luchtig met de suiker en meng een voor een de eieren erdoor. Voeg de bloem toe en spatel goed door. Verdeel het beslag over de vormpjes en bak in de oven in circa 30 minuten goudbruin en gaar.

3. **Glazuur:**
Meng het bietensap met de poedersuiker. Haal de cakejes uit de vorm en laat afkoelen. Bestrijk met de kwast de bovenkant van de cakejes met glazuur. Laat het glazuur even aandrogen voor je de koeken eet.

Rock cakes

De favoriete koeken van Harry Potter! Ze zijn zo makkelijk te maken en lukken altijd.

Hoeveelheid: circa 12 stuks
Bereidingstijd: circa 20 minuten
Oventijd: 20 minuten

Moeilijkheidsgraad: *

Extra nodig: bakpapier

Ingrediënten

30 g rozijnen
kommetje heet water
225 g bloem
14 g bakpoeder
110 g boter
55 g suiker
1 ei
4 eetlepels melk
150 g muesli zonder rozijnen
2 eetlepels gekonfijte sinaasappelschil
100 g pure chocolade, grof gehakt of pilletjes

Bereidingswijze:

1 Wel de rozijnen 10 minuten in een kommetje heet water.

2 Verwarm de oven voor op 180 °C. Bekleed een bakplaat met bakpapier.

3 Meng de bloem met de bakpoeder. Wrijf met de hand de boter en de suiker erdoor tot er kruimels ontstaan. Meng het ei en de melk erdoor tot er een egaal deeg ontstaat dat net niet meer kruimelig is. Voeg anders meer melk toe.

4 Giet de rozijnen af en laat ze uitlekken. Meng de muesli, rozijnen, gekonfijte sinaasappelschil en pure chocolade erdoor.

5 Verdeel met behulp van twee lepels 12 bergjes van het beslag op de met bakpapier beklede bakplaat. Bak de rock cakes circa 20 minuten goudbruin en gaar in de oven.

Pindakoeken

Snel te maken en extra lekker door een laagje chocolade. Gezouten pinda's geven een verrassende smaaksensatie in combinatie met de zoete chocolade.

Hoeveelheid: circa 12 stuks
Bereidingstijd: circa 20 minuten
Wachttijd: 30 minuten
Oventijd: 20 minuten

Moeilijkheidsgraad: *

Extra nodig: plasticfolie, bakpapier, deegroller, kartelsteker, kwast

Ingrediënten

Pindakoeken
125 g bloem
60 g koude roomboter
50 g witte basterdsuiker
1 ei
mespunt zout
bloem om te bestuiven
1 eidooier gemengd met een scheutje room, om te bestrijken
50 g gepelde gezouten pinda's
Chocoladelaag
200 g pure chocolade

Bereidingswijze:

1 **Pindakoeken:**
Verwarm de oven voor op 180 °C. Bekleed een bakplaat met bakpapier.

2 Kneed bloem met de koude boter, basterdsuiker, het ei en zout tot een soepel deeg. Pak het deeg in plasticfolie en laat het 30 minuten opstijven in de koelkast.

3 Bestuif aanrecht en deegroller met bloem. Rol het deeg dun uit tot een dikte van circa 3 mm. Steek er cirkels uit met de kartelsteker en leg ze op de met bakpapier beklede bakplaat. Bestrijk met het ei-roommengsel, verdeel de pinda's erover en druk ze goed in het deeg. Bak de koeken in circa 20 minuten goudbruin en gaar. Laat ze afkoelen.

4 **Chocoladelaag:**
Smelt de chocolade au bain-marie tot 31 °C (zie voor meer uitleg hierover het hoofdstuk Nuttige tips, werken met chocolade, blz. 16). Doop de koekjes voor de helft in de chocolade en laat de chocolade uitharden.

Koekmedailles

De koekmedaille is heerlijk om te krijgen als je net een sportwedstrijd hebt gewonnen of een toets hebt gehaald. Als je een rolletje lint in huis hebt, kun je deze medailles in korte tijd voor een heel team of voor je klas maken!

Hoeveelheid: circa 12 stuks
Bereidingstijd: circa 20 minuten
Wachttijd: 30 minuten
Oventijd: 12 minuten

Moeilijkheidsgraad: *

Extra nodig: plasticfolie, bakpapier, deegroller, kartelsteker van circa 10 cm doorsnede, klein glad spuitmondje, mooi lint

Ingrediënten

100 g roomboter, op kamertemperatuur
175 g poedersuiker
1 ei
350 g bloem
1 theelepel bakpoeder
1 theelepel kaneelpoeder
50 ml melk
extra bloem om te bestuiven

Bereidingswijze:

1 Kneed zachte boter, poedersuiker, ei, bloem, bakpoeder, kaneelpoeder en melk tot een soepel deeg.

2 Verpak het deeg in plasticfolie en laat circa 30 minuten rusten in de koelkast.

3 Verwarm de oven voor op 170 °C. Bekleed een bakplaat met bakpapier.

4 Bestuif het aanrecht met wat bloem en rol het deeg uit tot een plak van circa 5 mm dik. Steek ronde figuren* uit naar wens.

5 Leg de figuren op de met bakpapier beklede bakplaat en bak de koekjes circa 12 minuten in de oven goudbruin en gaar.

Tip

Steek de medailles uit met de kartelsteker* en maak een gaatje met behulp van het spuitmondje. Druk met de reliëfcijfers (zie Hartjes met een boodschap, blz. 66) cijfers in het deeg. Of garneer ze met glazuur, kant-en-klaar te koop of te maken van poedersuiker gemengd met water. Rijg de medailles na het bakken aan een mooi lint.

Hartjes met een boodschap

De hartjes met speciale boodschap zijn een heel leuk cadeautje voor je geliefde!

Hoeveelheid: circa 12 stuks
Bereidingstijd: circa 20 minuten
Wachttijd: 30 minuten
Oventijd: 12 minuten

Moeilijkheidsgraad: *

Extra nodig: plasticfolie, bakpapier, deegroller, hartjessteker, reliëfcijfers en -letters*

Ingrediënten

100 g roomboter, op kamertemperatuur
175 g poedersuiker
1 ei
350 g bloem
1 theelepel bakpoeder
1 theelepel kaneelpoeder
50 ml melk
extra bloem om te bestuiven

Bereidingswijze:

1 Kneed zachte boter, poedersuiker, ei, bloem, bakpoeder, kaneelpoeder en melk tot een soepel deeg.

2 Verpak het deeg in plasticfolie en laat circa 30 minuten rusten in de koelkast.

3 Verwarm de oven voor op 170 °C. Bekleed een bakplaat met bakpapier.

4 Bestuif het aanrecht met wat bloem en rol het deeg uit tot een plak van circa 5 mm dik. Steek figuren uit naar wens.

5 Leg de figuren op de met bakpapier beklede bakplaat en bak de koekjes circa 12 minuten in de oven goudbruin en gaar.

Tip:

* Bij de hobbywinkel hebben ze handige reliëfcijfers en -letters die je op een liniaaltje kunt plakken. Dit druk je dan op zijn kop in het koekjesdeeg. Vervolgens bak je de koekjes af in de oven. Je kunt de letters nog iets beter uit laten komen door er na het bakken met behulp van een kwastje wat cacaopoeder over te borstelen. Het cacao blijft dan achter in de gepreegde letters waardoor ze iets duidelijker leesbaar worden.

Tip

Je kunt het glazuur kleuren door natuurlijke kleurstoffen te gebruiken. Matchapoeder (groene thee) voor groen, gedroogde bietenpoeder* of bietensap voor rood, en kurkuma voor geel.

*te koop in natuurvoedingswinkels of via internet.

Gemberpoppetjes

Wat betreft smaak komen deze koeken in de buurt van speculaas of kruidkoek, maar ze zijn natuurlijk vooral heel leuk om te versieren. Maak je vriend of vriendinnetje, je tante, moeder, trainer of leraar na als koekje!

Hoeveelheid: 8 stuks
Bereidingstijd: circa 30 minuten
Wachttijd: 30 minuten
Oventijd: circa 13 minuten

Moeilijkheidsgraad: *

Extra nodig: plasticfolie, bakpapier, deegroller, koekstekers in de vorm van mannetje of vrouwtje, 2 cornetjes

Ingrediënten

Deeg
350 g bloem
1 theelepel bakpoeder
2 theelepels gemberpoeder
100 g roomboter, op kamertemperatuur
175 g rietsuiker
1 ei
60 ml gembersiroop
30 ml melk
bloem om te bestuiven
Glazuur
30 g chocolade
4 eetlepels poedersuiker
drupje water

Bereidingswijze:

1 Deeg:
Meng de bloem met de bakpoeder en gemberpoeder. Roer in een andere kom de zachte boter glad met de rietsuiker en voeg ei, gembersiroop en melk toe. Voeg het bloemmengsel toe en kneed tot een soepel deeg. Verpak het deeg in plasticfolie en laat circa 30 minuten in de koelkast rusten.

2 Verwarm de oven voor op 170 °C. Bekleed een bakplaat met bakpapier. Rol het deeg op een met bloem bestoven aanrecht uit tot een dikte van circa 3 mm. Steek er met de koekstekers poppetjes uit. Leg de deegpoppetjes op de met bakpapier beklede bakplaat en bak in circa 13 minuten goudbruin. Laat de poppetjes afkoelen.

3 Glazuur:
Smelt de chocolade au bain-marie. Schep de gesmolten chocolade in een cornetje. Roer een drupje water door de poedersuiker tot een dik spuitbaar glazuur. Schep het glazuur in een cornetje en spuit met de gesmolten chocolade en het glazuur gezichten en versieringen als haren en knopen op de poppetjes.

Cakes

Arretjescake

Een ouderwets recept dat nog steeds modern is. Makkelijk recept zonder oven. Bewaar de cake in de vriezer. Zo heb je altijd een plakje cake voorhanden als je onverwacht visite krijgt.

Hoeveelheid: 1 cake
Bereidingstijd: circa 15 minuten
Wachttijd: 2 uur

Moeilijkheidsgraad: *

Extra nodig: cakevorm, bakpapier

Ingrediënten

150 g roomboter
50 g pure chocolade
200 g bruine basterdsuiker
60 g cacaopoeder
200 g volkorenkoekjes

Bereidingswijze:

1. Smelt de boter in een pannetje of magnetron.
2. Smelt de chocolade au bain-marie.
3. Bekleed de cakevorm met bakpapier.
4. Meng in een kom de gesmolten boter met de basterdsuiker en cacaopoeder. Breek de koekjes erboven. Voeg de chocolade toe en roer goed door.
5. Schep het mengsel in de cakevorm en druk goed aan.
6. Laat de cake circa 2 uur opstijven in de koelkast. Haal uit de vorm, verwijder het bakpapier en snijd de cake in plakken.

Appel-rozijnencake

Deze cake is extra smeuïg dankzij grote stukken appel en in rum geweekte rozijnen.

Hoeveelheid: 1 cake
Bereidingstijd: circa 20 minuten
Oventijd: 1 uur

Moeilijkheidsgraad: *

Extra nodig: cakevorm, bakpapier

Ingrediënten

60 g rozijnen
kommetje heet water
40 g bruine rum
boter om in te vetten
130 g bloem
7 g bakpoeder
mespuntje zout
115 g roomboter, op kamertemperatuur
115 g poedersuiker
3 eieren
3 appels
2 eetlepels water
2 eetlepels abrikozenjam

Bereidingswijze:

1. Wel de rozijnen 5 minuten in heet water. Laat ze uitlekken en meng ze met de rum.
2. Verwarm de oven voor op 160 °C. Vet de cakevorm in met boter en bekleed met bakpapier. Meng in een kom de bloem, bakpoeder en het zout met een garde door elkaar.
3. Klop in een andere kom de boter luchtig met de poedersuiker. Meng een voor een de eieren erdoor. Voeg het bloemmengsel toe en spatel de rozijnen met rum erdoor.
4. Schil de appels en snijd ze in partjes, verwijder het klokhuis en snijd de helft van de appels in blokjes.
5. Schenk de helft van het cakebeslag in de cakevorm en verdeel de partjes appel dakpansgewijs over het beslag. Schenk de rest van het beslag erover en druk de appelblokjes langs de zijkant van de cakevorm in het beslag.
6. Bak de cake in de oven in circa 1 uur goudbruin en gaar.
7. Verwarm het water met de abrikozenjam. Haal de cake uit de vorm, verwijder het bakpapier en bestrijk de bovenkant van de cake met de jam.

Tip:

Ook lekker met blokjes peer.

Citroencake

Een frisse cake, perfect voor bij de thee.

Hoeveelheid: 1 cake
Bereidingstijd: circa 10 minuten
Oventijd: 1 uur

Moeilijkheidsgraad: *

Extra nodig: cakevorm, bakpapier

Ingrediënten

boter om in te vetten
250 g bloem
7 g bakpoeder
1 mespunt zout
1 mespunt kurkuma
250 g roomboter, op kamertemperatuur
250 g suiker
5 eieren
1 citroen

Bereidingswijze:

1. Verwarm de oven voor op 175 °C. Vet de cakevorm in met boter en bekleed met bakpapier.
2. Meng in een kom de bloem, bakpoeder, kurkuma en het zout met een garde door elkaar.
3. Klop in een andere kom de boter met de suiker luchtig en meng een voor een de eieren erdoor.
4. Was de citroen goed. Rasp de schil (alleen het geel) en meng het citroenrasp door de bloem. Meng het bloemmengsel door het botermengsel.
5. Schenk het beslag in de beklede cakevorm en bak de cake in de oven in circa 1 uur goudbruin en gaar.

Tip

Verwarm het sap van de citroen samen met 2 eetlepels abrikozenjam.
Strijk dit voor een mooie glanzende bovenkant op de gebakken cake. Garneer de cake eventueel met nog wat extra geraspte citroenschil.

Chocolade-truffelcake

Een heerlijke en rijke cake, ideaal om in dunne plakjes te snijden.

Hoeveelheid: 1 cake
Bereidingstijd: circa 30 minuten
Wachttijd: 10 minuten
Oventijd: 1 uur

Moeilijkheidsgraad: **

Extra nodig: cakevorm, bakpapier, plasticfolie, spuitzak met gekarteld spuitmondje

Ingrediënten

Chocoladecake
boter om in te vetten
175 g bloem
7 g bakpoeder
1 eetlepel cacaopoeder
1 mespunt zout
200 g roomboter, op kamertemperatuur
200 g suiker
4 eieren

Banketbakkersroom
250 ml melk
1 vanillestokje
50 g suiker
2 eidooiers
1 eetlepel bloem

Chocolade-truffelcrème
150 g chocolade
250 g roomboter
60 g poedersuiker
250 g banketbakkersroom (zie boven)

Ganache
50 g pure chocolade
60 ml slagroom

Bereidingswijze:

1 **Chocoladecake:**
Verwarm de oven voor op 175 °C. Vet de cakevorm in met boter en bekleed met bakpapier.

2 Meng in een kom bloem, bakpoeder, cacao en zout met een garde door elkaar.

3 Klop in een andere kom de zachte boter luchtig met de suiker en meng een voor een de eieren erdoor. Meng het bloemmengsel door het botermengsel. Schenk het beslag in de cakevorm en bak de cake in de oven in circa 1 uur gaar.

4 **Banketbakkersroom:**
Breng de melk aan de kook. Halveer het vanillestokje in de lengte en schraap het merg eruit. Voeg het vanillemerg toe aan de melk. Bewaar voor zelfgemaakte vanillesuiker het stokje in een pot met suiker (zie hoofdstuk Culinaire cadeautjes, blz. 247). Zet het vuur lager, laat de melk 5 minuten zachtjes trekken en roer af en toe rustig door. Klop intussen de eidooiers met de suiker tot een crème. Voeg de bloem toe en giet de hete melk al roerende bij het eimengsel. Schenk terug in de pan en laat de banketbakkersroom nog 5 minuten op laag vuur zachtjes koken. Blijf roeren. Giet dan op een plat bord of schaal, dek af met plasticfolie en laat afkoelen. Het afdekken is om het afkoelen te versnellen en velvorming tegen te gaan.

5 **Chocolade-truffelcrème:**
Smelt de chocolade au bain-marie.

6 Klop de roomboter luchtig met de poedersuiker en meng met de afgekoelde banketbakkersroom. Roer de gesmolten chocolade al mixend door de crème. Stop als de chocolade goed gemengd is.

7 Snijd de chocoladecake horizontaal in drie plakken. Bestrijk twee plakken cake met flink wat chocolade-truffelcrème, leg ze weer op elkaar en leg de derde plak erbovenop. Laat 10 minuten opstijven in de koelkast en bestrijk de zijkanten van de cake met chocolade-truffelcrème zodat de cake mooi gelijk en strak is. Schep de overgebleven crème in de spuitzak en spuit rozetten op de cake.

8 **Ganache:**
Hak de chocolade grof en schep in een vuurvaste kom. Breng de slagroom aan de kook. Haal de pan van het vuur en schenk de room over de gehakte chocolade. Laat de ganache afkoelen en roer glad. Versier de cake met kleine dopjes ganache.

Sticky toffeecake

Een heerlijke verwencake met een echte WOW-factor.

Hoeveelheid: 1 cake
Bereidingstijd: circa 30 minuten
Oventijd: 45 minuten

Moeilijkheidsgraad: **

Extra nodig: staafmixer, tulbandvorm van circa 24 cm doorsnede

Ingrediënten

Dadelpuree
250 g dadels zonder pit
400 ml water

Suikerwater
25 ml water
50 g suiker
60 g walnoten
1 mespunt zout

Cake
boter om in te vetten
bloem om te bestuiven
300 g bloem
7 g bakpoeder
90 g roomboter
275 g bruine basterdsuiker
1 eetlepel vanillesuiker
3 eieren

Toffeesaus
150 g suiker
100 ml slagroom
1 eetlepel oploskoffie
50 g roomboter

Bereidingswijze:

1 **Dadelpuree:**
Snijd de dadels in stukjes en breng ze in het water aan de kook. Kook ze op laag vuur circa 10 minuten tot ze zacht zijn. Pureer de dadels met de staafmixer.

2 **Suikerwater:**
Breng het water met de suiker aan de kook en roer tot de suiker is opgelost. Haal de pan van het vuur. Verkruimel de walnoten erboven en meng ze door het suikerwater met het zout.

3 **Cake:**
Verwarm de oven voor op 200 °C. Vet de tulband in met boter en bestuif de binnenkant van de vorm met een dun laagje bloem.

4 Meng in een kom bloem en bakpoeder met een garde door elkaar.

5 Klop in een andere kom de boter, basterdsuiker en vanillesuiker glad en meng een voor een de eieren erdoor.

6 Voeg het bloemmengsel, de dadelpuree en het suikerwater toe aan het botermengsel en meng goed.

7 Schenk het cakebeslag in de vorm en bak de cake in de oven in circa 45 minuten goudbruin en gaar.

8 **Toffeesaus:**
Karamelliseer de suiker in een pan. Breng in een andere pan de room aan de kook en los hierin de oploskoffie op. Schenk de hete room bij de karamel (pas op voor spatten!) en kook tot de karamel is opgelost. Roer de boter erdoor en schenk de saus in een kannetje. Haal de taart uit de vorm en schenk de toffeesaus erover.

Cappuccinocakejes

Deze cakejes zijn nog lekkerder dan dat ze eruitzien! De cake is superzacht met een goede espressosmaak en de romige mascarponetopping maakt het helemaal af.

Hoeveelheid: circa 16 stuks
Bereidingstijd: circa 15 minuten
Oventijd: 30 minuten

Moeilijkheidsgraad: *

Extra nodig: bakvorm van 21 x 21 cm, bakpapier, rasp, kwastje

Ingrediënten

Cakebeslag
boter om in te vetten
280 g bloem
14 g bakpoeder
1 theelepel cacaopoeder
1 mespunt zout
250 g roomboter
250 g rietsuiker
150 ml yoghurt
100 ml espresso
4 eieren

Toplaag
140 g poedersuiker
350 g mascarpone
1 reep chocolade om te raspen

Bereidingswijze:

1 **Cake:**
Verwarm de oven voor op 170 °C. Vet de bakvorm in met boter en bekleed de bodem met bakpapier.

2 Meng in een kom de bloem, bakpoeder, cacao en het zout met een garde door elkaar.

3 Klop in een andere kom de boter en suiker smeuïg en meng het bloemmengsel erdoor. Voeg de yoghurt, de helft van de espresso en een voor een de eieren toe. Schenk het beslag in de vorm en bak de cake in de oven in circa 30 minuten goudbruin en gaar. Laat de cake afkoelen.

4 Haal de cake uit de vorm en bestrijk de cake met een kwast met de andere helft van de espresso. Hierdoor wordt de cake lekker zacht en krijgt hij een diepe koffiesmaak.

5 **Toplaag:**
Meng de poedersuiker met de mascarpone en strijk een dunne laag op de cake. Snijd de cake in 16 gelijke vierkanten en rasp chocolade erover.

Candybarcake

Vanbuiten een wat 'saaie' cake om te zien. Maar de verrassing zit binnenin. Spectaculair & lekker.

Hoeveelheid: 1 cake
Bereidingstijd: circa 15 minuten
Oventijd: 1 uur

Moeilijkheidsgraad: *

Extra nodig: cakevorm, bakpapier

Ingrediënten

Cake
boter om in te vetten
300 g roomboter, op kamertemperatuur
300 g suiker
6 eieren
300 g bloem
16 mini candybars
Garnering
50 g witte chocolade
50 g pure chocolade

Bereidingswijze:

1 Cake:
Verwarm de oven voor op 175 °C. Vet de cakevorm in met boter en bekleed met bakpapier.

2 Klop in een kom de zachte boter luchtig met de suiker en meng een voor een de eieren erdoor tot een luchtig beslag ontstaat. Spatel de bloem erdoor. Haal de candybars uit de verpakking.

3 Giet een laagje cakebeslag in de vorm. Verdeel twee stroken van elk 4 candybars in het beslag, maar let op dat ze niet de rand raken. Giet een beetje beslag erover en maak weer twee banen van 4 candybars in het beslag. Giet de rest van het beslag erover. Bak de cake in de oven in circa 1 uur goudbruin en gaar.

4 Garnering:
Smelt in aparte pannen de witte en pure chocolade au-bain marie. Vouw twee cornetjes van een stukje bakpapier en vul met de chocolade. Versier de cake met lijntjes of tekeningen.

Kokos-ananascake

Een subtropische verrassing. Ook leuk om van dit recept kleine cupcakejes te maken.

Hoeveelheid: 1 cake
Bereidingstijd: circa 10 minuten
Oventijd: 35 minuten

Moeilijkheidsgraad: *

Extra nodig: springvorm van 20 cm doorsnede

Ingrediënten

boter om in te vetten
150 ml melk
60 g roomboter
240 g gemalen kokos
240 g witte basterdsuiker
1 ei
30 g bloem
200 g ananas, in blokjes
25 g geschaafde amandelen
2 eetlepels water
2 eetlepels abrikozenjam

Bereidingswijze:

1 Verwarm de oven voor op 180 °C. Vet de springvorm in met boter.

2 Verwarm de melk in een pannetje en smelt hierin de boter.

3 Meng in een kom de kokos met de basterdsuiker en roer het warme melkmengsel erdoor. Roer vervolgens het ei en de bloem erdoor. Meng tot een glad beslag.

4 Meng de blokjes ananas door het beslag en giet in de ingevette springvorm. Bestrooi met de geschaafde amandelen. Bak de cake in de oven in 35 minuten goudbruin en gaar.

5 Verwarm het water met de abrikozenjam. Bestrijk de cake met de warme abrikozenjam.

Groene-theecake

Het groene-theepoeder, in Japan matcha genoemd, geeft een fantastische theesmaak en een mooie natuurlijke kleur aan de cake. De witte chocolade maakt de smaak wat romiger.

Hoeveelheid: 1 cake
Bereidingstijd: circa 15 minuten
Oventijd: 1 uur

Moeilijkheidsgraad: **

Extra nodig: cakevorm, bakpapier

Ingrediënten

boter om in te vetten
180 g bloem
22 g groene-theepoeder (toko of theespeciaalzaken)
70 ml slagroom
165 g roomboter
150 g witte chocolade
6 eidooiers
245 g suiker
8 eiwitten
poedersuiker

Bereidingswijze:

1. Verwarm de oven voor op 170 °C. Vet de cakevorm in met boter en bekleed met bakpapier.
2. Meng de bloem en groene-theepoeder met een garde door elkaar.
3. Verwarm de slagroom in een pannetje en smelt hierin de boter en chocolade.
4. Klop de eidooiers stijf met 120 gram van de suiker.
5. Klop in een andere kom de eiwitten met de resterende suiker tot er stijve pieken ontstaan.
6. Spatel eerst de geklopte eidooiers door de chocolademassa, daarna de geklopte eiwitten en als laatste de bloem met theepoeder.
7. Giet het beslag in de cakevorm en bak de cake in de oven in circa 1 uur goudbruin en gaar.
8. Laat de cake iets afkoelen en haal hem uit de vorm. Bestuif voor het serveren met poedersuiker.

Tip:
De bloemdecoratie op de foto is gemaakt van getrokken suiker.

Wanneer ik in de Bakery ben te midden van al mijn bakvormen, koekblikken vol herinneringen, speciale mesjes met houten handvatten, deegwieltjes, taartschalen, timbaaltjes, koperen pannen en oude schaaltjes, dan voel ik mij omringd door liefde. Al die spullen staan daar niet zomaar, sommige hebben al meerdere levens achter zich en er staan schalen die al meer taarten gedragen hebben dan ik in mijn leven heb kunnen bakken. Alle spullen hebben hun eigen verhaal en zijn door mij in de loop der jaren verzameld om gebruikt te worden. Sommige dingen waren nog van mijn ouders en er zitten geschenken bij die ik heb gekregen van mensen voor wie ik ooit heb gekookt of gebakken.

Nostalgie...

En nog dagelijks heb ik plezier van de koperen pannen waarvoor ik als student flink heb moeten sparen! Tijdens mijn reizen kijk ik altijd goed om mij heen, want wie weet vind ik toevallig een aparte bak- of puddingvorm. Elk brocante winkeltje stap ik hoopvol binnen op jacht naar een bruikbare trofee. Maar ook kringloopwinkels blijken soms ware schatkamers vol originele serviezen voor een sympathiek bedrag. Een bijzondere taartschaal of bakvorm kan mij echt inspireren tot het maken van een recept dat alleen op die schaal past.

Guide

When you travel round the world,
visit many towns,
food becomes a focus point
with all its ups and downs.

Many are the highlights that
took me by surprise;
sometimes an unlikely spot,
a genius in disguise,
shows you that one never knows
how a simple dish
can take a person's breath away
leaves no more to wish!

So even mister Michelin
in his famous guide
doesn't always know it all,
treasures sometimes hide.

Follow then your instincts and
let me here disclose
better than the best of guides
simply trust your nose!

Nostalgie

Petroleumstel, jij weet nog wel
hoe vroeger de winter rook
hachee en zuurkool, erwtensoep
er waren peertjes ook

Mijn hersens slaan het boek weer op
en alles ruik ik weer
vanillestokjes, rijstebrij
maar soms doet mijn hart wel zeer

Om alles dat verloren ging
kijk nou zo'n magnetron
toen snelheid in de keuken kwam
en winst beloven kon...

Vergat men tijd als keukenhulp
om dromend bij het vuur
met hart en ziel te mengen steeds
zout, bitter, zoet en zuur

Buiten blaast de wind de regen,
binnen gloeit m'n kachel rood!
Proef eens van m'n groentesoepje,
ruik m'n heerlijk boerenbrood.

Kijk me koken in m'n keuken,
zie me roeren in m'n pot!
Ruik die geuren, proef die smaken,
't is en blijft ultiem genot!

When I pass a pastry shop, full of rich delights,
I have to make a step inside, feast me on its sights.
Look at all those wondrous shapes, how they turn me on,
crème anglaise, chocolate fudge, you might call it porn!

Simple truth is that it keeps me a happy man,
just to linger, drool around, hours if I can.
All those smells and tempting shapes, fingerlicking good,
bring me on a higher plan, in my topmost mood!

ROCKY
ROAD

't Leven is een gebakje

Als de dag een beetje grijs is,
en je komt wat traag op gang,
als er buiten sneeuw en ijs is,
en de winter duurt te lang,
laat je dan maar eens verleiden
door wat lekker is en mooi.
Wees dan echt niet te bescheiden,
laat de tijger uit z'n kooi.
Hul je in je mooiste pakje,
spuit wat parfum in je bloes,
zie 't leven als gebakje
voor je 't weet is 't op, pardoes.

Tropische gembercake

*Hoe langer deze cake staat, hoe lekkerder hij wordt.
Geef de smaken de tijd om goed in te trekken.*

Hoeveelheid: 1 cake
Bereidingstijd: circa 30 minuten
Oventijd: 1 uur en 15 minuten

Moeilijkheidsgraad: *

Extra nodig: cakeblik, bakpapier

Ingrediënten

Cake
boter om in te vetten
200 g roomboter, op kamertemperatuur
200 g suiker
4 eieren
200 g bloem
Vulling
170 g gekonfijte sinaasappelschil
80 g gekonfijte citroenschil
100 g gemberblokjes op siroop
2 eetlepels pistachenoten, gepeld
1 theelepel gembersiroop

Bereidingswijze:

1 **Cake:**
Verwarm de oven voor op 170 °C. Vet de cakevorm in met boter en bekleed met bakpapier.

2 Klop in een kom de zachte boter luchtig met de suiker en meng een voor een de eieren erdoor. Spatel de bloem erdoor en meng tot een glad beslag.

3 **Vulling:**
Snijd de sinaasappelschil in blokjes. Snijd de citroenschil in ragfijne reepjes. Hak de gember grof. Breng 200 milliliter water aan de kook en blancheer hierin de pistachenoten. Spoel ze af met koud water, dep ze droog en hak ze fijn. Meng de nootjes met de sinaasappelschil, citroenschil, gember en gembersiroop. Schep 3 eetlepels van het cakebeslag door het mengsel.

4 Verdeel de helft van het cakebeslag over de cakevorm. Maak met behulp van een eetlepel een sleuf in het beslag en schep hierin de vulling. Schenk daarop de rest van het cakebeslag. Bak de cake in de oven in circa 1 uur en 15 minuten goudbruin en gaar.

Zuidvruchten-notencake

Deze cake heb ik in een vrij lage en langwerpige bakvorm gebakken. Als je dit recept maakt in een gewone cakevorm, houd er dan rekening mee dat de cake hierdoor hoger wordt en dat de baktijd langer is.

Hoeveelheid: 1 cake
Bereidingstijd: circa 30 minuten
Oventijd: 45 minuten

Moeilijkheidsgraad: *

Extra nodig: lage bakvorm van 35 x 11 cm met losse bodem (of anders een cakevorm), bakpapier

Ingrediënten

Cakebeslag
50 g gedroogde vijgen
50 g gedroogde abrikozen
50 g rozijnen
50 g krenten
20 g geschaafde amandelen
150 ml bruine rum
boter om in te vetten
150 g boter, op kamertemperatuur
125 g rietsuiker
3 eieren
250 g bloem
1 theelepel bakpoeder
Toplaag
3 eetlepels honing
2 eetlepels geschaafde amandelen
3 eetlepels hazelnoten

Bereidingswijze:

1. **Cakebeslag:**
Snijd de vijgen en abrikozen in stukjes. Meng met de rozijnen, krenten, en amandelen. Spoel ze af met heet water en wel ze 30 minuten in de rum.

2. Verwarm de oven voor op 170 °C. Vet de cakevorm in met boter en bekleed hem met bakpapier.

3. Klop de zachte boter met de rietsuiker luchtig en meng een voor een de eieren erdoor. Meng de bloem met de bakpoeder door het botermengsel. Laat de gewelde vruchten uitlekken en spatel door het cakebeslag.

4. Schep het beslag in de met bakpapier beklede vorm. Bak de cake in de oven in circa 30 minuten gaar.

5. **Toplaag:**
Verwarm intussen de honing en meng met de amandelen en hazelnoten. Verdeel over de cake en laat de cake nog eens 15 minuten bakken.

Chocolade-ricottacake

Dankzij de ricotta wordt de cake een beetje crèmig. Dit vormt een mooi contrast met de chocoladesmaak.

Hoeveelheid: 1 cake
Bereidingstijd: 15 minuten
Oventijd: 45 minuten

Moeilijkheidsgraad: *

Extra nodig: cakevorm, bakpapier

Ingrediënten

Chocoladebeslag
boter om in te vetten
125 g bloem
45 g cacaopoeder
190 g boter, op kamertemperatuur
220 g fijne kristalsuiker
2 eieren
Ricottamengsel
250 g ricotta
50 g suiker
1 ei

Bereidingswijze:

1 **Chocoladebeslag:**
Verwarm de oven voor op 180 °C. Vet de cakevorm in met boter en bekleed met bakpapier.

2 Meng in een kom de bloem en cacao met een garde door elkaar.

3 Klop in een andere kom de boter met de suiker luchtig. Meng een voor een de eieren erdoor. Spatel het bloemmengsel erdoor.

4 **Ricottamengsel:**
Klop de ricotta los met de suiker en het ei. Schep het mengsel op het chocoladebeslag en roer beide mengsels met draaiende bewegingen licht door elkaar. Schenk het cakebeslag in de met bakpapier beklede vorm. Bak de cake in de oven in circa 45 minuten gaar. Laat afkoelen.

Abrikozencake

Deze cake is feestelijk lekker en de meeste ingrediënten heb je vaak al in huis. In een handomdraai te maken!

Hoeveelheid: 1 cake
Bereidingstijd: circa 20 minuten
Oventijd: 1 uur

Moeilijkheidsgraad: *

Extra nodig: cakevorm, bakpapier

Ingrediënten

250 g gedroogde abrikozen
kommetje heet water
boter om in te vetten
190 g bloem
7 g bakpoeder
mespuntje zout
100 g roomboter, op kamertemperatuur
100 g suiker
1 vanillestokje
2 eieren
120 ml melk
100 g amandelschaafsel
2 eetlepels water
2 eetlepels abrikozenjam

Bereidingswijze:

1 Snijd de abrikozen in stukjes en laat ze circa 20 minuten wellen in heet water.

2 Verwarm de oven voor op 170 °C. Vet de cakevorm in met boter en bekleed met bakpapier.

3 Meng in een kom de bloem, bakpoeder en het zout met een garde door elkaar.

4 Klop in een andere kom de zachte boter luchtig met de suiker. Halveer het vanillestokje in de lengte en schraap het merg eruit. Voeg het vanillemerg toe aan het botermengsel en meng een voor een de eieren erdoor. Voeg daarna het bloemmengsel en de melk toe.

5 Laat de abrikozenstukjes uitlekken en meng ze door het beslag. Schenk het cakebeslag in de met bakpapier beklede vorm. Bak de cake in de oven in circa 1 uur goudbruin en gaar. Haal de cake uit de vorm en laat afkoelen.

6 Rooster de geschaafde amandelen goudbruin. Verwarm het water met de abrikozenjam. Bestrijk de cake rondom met de warme abrikozenjam en bestrooi met de geroosterde amandelen. Druk ze rondom de cake stevig aan, zodat alle kanten bedekt zijn.

Engelse kerstcake

Deze cake is voor mij de echte smaak en geur van Kerstmis. De bakgeuren zijn hemels. De cake wordt vrij lang en op lage temperatuur gebakken.

Hoeveelheid: 1 cake
Bereidingstijd: circa 30 minuten
Oventijd: 2 uur
Wachttijd: 24 uur rusttijd

Moeilijkheidsgraad: *

Extra nodig: cakevorm, bakpapier

Ingrediënten

2 kommetjes heet water
150 g rozijnen
2 eetlepels amaretto
150 g abrikozen
1 sinaasappel
boter om in te vetten
125 g bloem
5 g bakpoeder
2 theelepels speculaaskruiden
mespunt zout
125 g roomboter, op kamertemperatuur
125 g bruine basterdsuiker
3 eieren
250 g gemengde noten, bijvoorbeeld hazelnoten, amandelen, pecannoten
125 g dadels, zonder pit
150 g amarena kersen
poedersuiker om te bestrooien

Bereidingswijze:

1 Wel de rozijnen 10 minuten in heet water. Laat ze uitlekken en meng ze met amaretto. Snijd de abrikozen in stukjes. Laat ze 20 minuten wellen in heet water. Was de sinaasappel goed. Rasp de schil (alleen het oranje).

2 Verwarm de oven voor op 160 °C. Vet de cakevorm in met boter en bekleed met bakpapier.

3 Meng in een kom de bloem, bakpoeder, speculaaskruiden en het zout met een garde door elkaar.

4 Klop in een andere kom de boter met suiker luchtig. Meng een voor een de eieren erdoor. Roer het bloemmengsel erdoor en spatel als laatste de gemengde noten, dadels en amarenakersen (in grote stukjes gesneden), gewelde rozijnen en abrikozen en sinaasappelrasp door het beslag.

5 Schep het cakebeslag in de met bakpapier beklede vorm. Bak de cake in circa 2 uur goudbruin en gaar. Haal de cake uit de vorm en laat hem helemaal afkoelen. Laat de cake liefst ten minste een dag en nacht staan. Bestrooi de cake met poedersuiker en bind er een kerststrik omheen. Serveer in dunne plakken.

Tip

Extra spectaculair wordt de cake als je er aan tafel voorzichtig brandende likeur over giet. Uiteraard wel eerst even de strik verwijderen!

Marmercake

Basis cakerecept met een speelse twist.

Hoeveelheid: 1 cake
Bereidingstijd: circa 10 minuten
Oventijd: 1 uur

Moeilijkheidsgraad: *

Extra nodig: cakevorm, bakpapier, spuitzak met glad spuitmondje

Ingrediënten

boter om in te vetten
200 g bloem
1 mespunt zout
200 g roomboter, op kamertemperatuur
200 g suiker
4 eieren
1 eetlepel cacaopoeder

Bereidingswijze:

1 Verwarm de oven voor op 175 °C. Vet de cakevorm in met wat boter.

2 Meng in een kom bloem en zout met een garde door elkaar.

3 Klop in een andere kom de boter met de suiker luchtig en meng een voor een de eieren erdoor. Meng de bloem door het botermengsel.

4 Schenk twee derde van het beslag in de met bakpapier beklede cakevorm. Meng de cacaopoeder door het overgebleven beslag en schep dit in de spuitzak. Steek het spuitmondje tot halverwege in het beslag en spuit het donkere beslag erin. Herhaal dit een paar keer over de hele lengte van de cake. Bak de cake in de oven in circa 1 uur goudbruin en gaar.

New York chocolate whisky cake

Cake is in Amerika het woord voor taart, dus dat schept soms verwarring. Maar of dit nu een cake of een taart is, hij zorgt in ieder geval voor spektakel op tafel.

Hoeveelheid: 1 cake voor ruim 20 personen
Bereidingstijd: circa 30 minuten
Oventijd: 30 minuten
Wachttijd: 30 minuten

Moeilijkheidsgraad: ***

Extra nodig: 2 diepe bakplaten, bakpapier, cornetje, kwastje

Ingrediënten

Chocoladecake
boter om in te vetten
500 g pure chocolade
800 g bloem
1 kg witte basterdsuiker
120 g cacaopoeder
30 g bakpoeder
8 eieren
600 ml karnemelk
800 ml zonnebloemolie

Whiskycrème
300 ml melk
300 ml slagroom
200 g suiker
500 g pure chocolade
1 kg roomboter, op kamertemperatuur
50 ml whisky

Whiskypunch
150 g suiker
150 ml water
100 ml whisky

Garnering
100 g pecannoten
200 g chocolade

Bereidingswijze:

1 **Chocoladecake:**
Verwarm de oven voor op 170 °C. Vet de bakplaten in met boter en bekleed ze met bakpapier.

2 Hak de chocolade in stukjes. Meng de bloem met de witte basterdsuiker, cacaopoeder, bakpoeder en de chocoladestukjes door elkaar.

3 Meng in een andere kom de eieren, karnemelk en zonnebloemolie. Meng het eimengsel door het bloemmengsel en spatel door elkaar tot een egaal beslag. Verdeel het beslag over de bakplaten. Bak de cakes in de voorverwarmde oven in circa 30 minuten gaar. Haal de cakes uit de plaat en laat afkoelen.

4 **Whiskycrème:**
Breng de melk met de slagroom en de suiker aan de kook. Haal de pan van het vuur. Hak de chocolade in stukjes en los op in het roommengsel. Laat de crème afkoelen. Klop de boter met de crème luchtig en voeg de whisky toe.

5 **Whiskypunch:**
Breng de suiker met het water en de whisky aan de kook en kook tot de suiker is opgelost.

6 **Garnering:**
Verwarm de oven voor op 170 °C. Rooster de pecannoten in 8 minuten krokant. Smelt de chocolade au bain-marie tot 31 °C (zie voor meer uitleg hierover het hoofdstuk Nuttige tips, werken met chocolade, blz. 16). Schep de chocolade in een cornetje.

7 **Serveren:**
Snijd de randen van de cake en verdeel de cake in 4 gelijke plakken. Snijd de randen in blokjes en zet opzij. Bestrijk de plakken met de whiskypunch. Bestrijk een plak cake met de whiskycrème en leg er een volgende plak bovenop. Herhaal dit totdat alle plakken cake besmeerd zijn. Verdeel de achtergehouden cakeblokjes en de geroosterde pecannoten over de bovenste laag crème. Spuit er met het cornetje lijntjes chocolade over. Laat de cake circa 30 minuten in de koelkast opstijven.

Volkorencake zonder suiker

Een erg lekkere, rijk gevulde cake met een smeuïge structuur.

Hoeveelheid: 1 cake
Bereidingstijd: circa 15 minuten
Oventijd: 1 uur

Moeilijkheidsgraad: *

Extra nodig: cakevorm, bakpapier

Ingrediënten

boter om in te vetten
120 g roomboter
100 g gedroogde vijgen
250 g volkorenmeel
14 g bakpoeder
mespunt zout
3 bananen
200 g wortel, fijn geraspt
50 g walnoten, gehakt
75 ml yoghurt
2 eieren

Bereidingswijze:

1 Verwarm de oven voor op 170 °C. Vet de cakevorm in met boter en bekleed met bakpapier.

2 Verwarm de boter in een pannetje. Snijd de vijgen in kleine stukjes en verwarm deze in de boter. Giet dit vervolgens over in een kom. Meng in een andere kom het meel met bakpoeder en zout met een garde door elkaar.

3 Snijd de bananen in plakjes en doe deze bij het botermengsel in de kom. Voeg geraspte wortel, walnoten en yoghurt toe en meng dit goed door elkaar. Meng een voor een de eieren erdoor. Spatel als laatste het meelmengsel erdoor en meng alles goed door elkaar.

4 Schenk het beslag in de met bakpapier beklede cakevorm. Bak de cake in de oven in circa 1 uur goudbruin en gaar. Neem de cakevorm uit de oven en laat hem 5 minuten staan. Haal vervolgens de cake uit de vorm en laat hem afkoelen op een rooster.

Tip:

Check de gaarheid met een satéprikker. Komt de prikker er droog uit? Dan is de cake gaar!

Spekkoek

Op veler verzoek. Te koop bij de slager, maar het is toch echt het recept voor de bakker.

Hoeveelheid: 1 cake
Bereidingstijd: circa 20 minuten
Oventijd: 1 uur en 30 minuten

Moeilijkheidsgraad: ***

Extra nodig: springvorm van 20 cm doorsnede en 5 cm hoog, bakpapier

Ingrediënten

boter om in te vetten
250 g roomboter, op kamertemperatuur
250 g poedersuiker
1 vanillestokje
10 eidooiers
8 eiwitten
125 g bloem
1 volle eetlepel speculaas- of koekkruiden
2 theelepels kaneelpoeder
1 theelepel gemalen nootmuskaat
1 theelepel kruidnagelpoeder
½ theelepel kardemompoeder

Bereidingswijze:

1 Verwarm de oven voor op 170 °C. Vet de springvorm in met boter en bekleed met bakpapier.

2 Klop in een kom de boter met de helft van de poedersuiker luchtig. Halveer het vanillestokje in de lengte en schraap het merg eruit. Voeg het vanillemerg toe aan de boter en meng een voor een de eidooiers erdoor.

3 Klop in een andere kom de eiwitten met de andere helft van de poedersuiker luchtig en spatel dit door het botermengsel. Spatel vervolgens de bloem erdoorheen.

4 Verdeel het beslag gelijkmatig over twee kommen en roer door één beslag de specerijen. Nu heb je een bruin en een licht beslag.

5 Neem twee even grote eetlepels. Schep eerst 2 lepels bruin beslag in de springvorm. Verdeel het beslag gelijkmatig over de bodem en zet de vorm midden in de oven. Bak de eerste cakelaag gaar in ongeveer 8 à 10 minuten. De laag is gaar als je er met een vinger zacht op kunt drukken en de laag een mooi gebakken kleur heeft aan de bovenkant.

6 Neem de vorm uit de oven en schuif het rooster naar boven in de oven. Zet de ovenstand nu op alleen bovenwarmte (afhankelijk van het type oven is dit met of zonder heteluchtfunctie). Je kunt dit zien in de oven: het bovenste spiraal gloeit af en toe op waardoor je ziet dat dit warm is. Het onderste spiraal staat nu uit. Het is nu de bedoeling dat alle volgende laagjes beslag gaar worden door de bovenwarmte. Op deze manier wordt de spekkoek laag voor laag gaar, zonder dat de onderste laag uitdroogt of verbrandt.

7 Schep nu 2 lepels van het witte beslag in de vorm en verdeel dit gelijkmatig over de eerste laag. Bak deze tweede laag gaar boven in de oven gedurende 8 à 10 minuten.

8 Herhaal dit proces totdat je ten minste acht laagjes hebt of je springvorm vol is. Laat de spekkoek goed afkoelen voordat je hem in mooie kleine puntjes snijdt.

Feest met kinderen

Bakken is een feest en daarom kun je niet vroeg genoeg beginnen om kinderen erbij te betrekken. Met een beetje geduld en fantasie kun je soms met heel eenvoudige middelen de leukste dingen maken. De vele kindertekeningen die ik mag ontvangen zijn het bewijs dat kinderen al vanaf heel jong geïnteresseerd zijn om zelf iets te knutselen met eten. Voor een portie heerlijke gezelligheid en lol geef ik graag nog een paar extra tips.

Hoeveelheid: 12 stuks
Bereidingstijd: circa 20 minuten
Oventijd: 25 minuten

Moeilijkheidsgraad: ***

Extra nodig: cupcaketray, spuitzak met een gladde spuitmond, deegroller, steker van 15 cm, bakpapier, boetseerstaafje of pen, 2 cornetjes

Ingrediënten

Cakejes
140 g bloem
50 g cacaopoeder
7 g bakpoeder
220 g suiker
mespuntje zout
1 vanillestokje
1 ei
180 ml melk
60 ml zonnebloemolie
boter om in te vetten

Italiaans schuim
60 ml water
150 g suiker
2 eiwitten

Garnering
poedersuiker om te bestuiven
500 g marsepein
1 eiwit
100 g poedersuiker
50 g pure chocolade

Bereidingswijze:

1 **Cakejes:**
Verwarm de oven voor op 180 °C. Meng de bloem, cacaopoeder en bakpoeder in een kom. Meng met een garde de suiker en het zout erdoor. Halveer het vanillestokje in de lengte en schraap het merg eruit. Mix in een andere kom het ei met de melk, zonnebloemolie en het vanillemerg. Meng beide mengsels door elkaar tot een glad beslag.

2 Vet de cupcaketray in en vul de vormpjes voor drie kwart met het beslag. Bak de cupcakes in de oven in ongeveer 25 minuten gaar. Laat de cupcakes afkoelen. Leg de cupcakes op hun kop op een rooster.

3 **Italiaans schuim**
Breng in een pan het water en de suiker aan de kook tot 121 °C. Klop de eiwitten tot stijve pieken. Giet druppelsgewijs de suikersiroop erbij en klop het eiwit koud. Schep het schuim in een spuitzak met een glad spuitmondje. Spuit toefjes schuim op de omgekeerde cupcakes en zet ze een paar minuten in de koelkast of vriezer.

4 **Garnering:**
Bestuif het aanrecht met poedersuiker en rol de marsepein dun uit tot circa 3 mm dik. Steek er 12 cirkels uit. Drapeer de marsepein over de schuimcakejes als het laken van een spook. Druk met een boetseerstaafje of de achterkant van een pen oogkassen in de marsepein.

5 Meng het eiwit met de poedersuiker tot er een spuitbaar glazuur ontstaat. Schep in een cornetje. Spuit oogjes op de marsepein. Smelt chocolade, schep in een cornetje en spuit daarvan de pupillen en de mondjes.

Cakespookjes

De vulling van de cakespookjes in dit recept bestaat uit Italiaans schuim, maar je kunt het jezelf ook ietsje makkelijker maken door gewoon slagroom of een botercrème te gebruiken.

Handgebakjes

De leukste manier om jonge kinderen op gebak te trakteren? Handgebakjes! Het werkt heel eenvoudig, het enige wat je nodig hebt is een spuitzak vol lichtgezoete slagroom en wat vers fruit, noten en chocolade om te garneren. En verder een paar schone kinderhanden! Gebaksschoteltjes en vorkjes zijn overbodig. Handgebakjes zijn cool op kinderfeestjes; je kunt er lekker mee pronken en rondlopen en je kunt ze overal eten.

Gemberpoppetjes

(recept zie hoofdstuk Koek & koekjes, blz. 68)

rudolf vanveen
24 kitchen
Het Kook Paradijs
Kook cursus
hemel
cupcake

ik heb een vraag,
Bakery
dolph's
Van: KiKi altena
eeftijd: 11 jaar
Oudewater
ER
s bakery
24 Kitchen

Crazy carrot

Hoeveelheid: 12 stuks
Bereidingstijd: circa 20 minuten
Oventijd: 25 minuten

Moeilijkheidsgraad: **

Extra nodig: keukenmachine, cupcaketray, cupcakevormpjes, spuitzak, spatel, gekarteld spuitmondje

Ingrediënten

Cupcakes
160 g volkorenmeel
50 g havermout
130 g suiker
100 g bruine basterdsuiker
7 g bakpoeder
mespunt zout
mespunt kaneelpoeder
2 eieren
130 ml kokosmelk
130 g geraspte worteltjes
180 ml zonnebloemolie
50 g gehakte walnoten
50 g gewelde rozijnen

Creamcheesecrème
200 g roomboter, op kamertemperatuur
200 g poedersuiker
1 vanillestokje (merg eruit geschraapt), of 1 eetlepel natuurlijk vanille-extract
200 g roomkaas, op kamertemperatuur

Garnering
12 worteltjes
100 g abrikozenjam
50 g gehakte pistachenootjes

Bereidingswijze:

1 **Cupcakes:**
Verwarm de oven voor op 180 °C. Meng in een kom volkorenmeel, havermout, beide suikersoorten, bakpoeder, zout en kaneelpoeder met een garde door elkaar.

2 Mix in een andere kom de eieren, kokosmelk, geraspte worteltjes en zonnebloemolie. Voeg beide mengsels bij elkaar en mix ze op de lage stand tot een glad beslag. Mix het beslag vervolgens nog 10 seconden op de hoge stand.

3 Zet de cupcakevormpjes in de cupcaketray en vul ze voor drie kwart met het beslag. Bak de cupcakes in de oven in 25 minuten gaar.

4 **Creamcheesecrème:**
Klop rustig de zachte boter met poedersuiker en vanille luchtig. Dit duurt minstens 10 minuten. Als je geen keukenmachine hebt, gebruik dan een mixer. Roer de roomkaas glad met een spatel en voeg deze geleidelijk toe aan de luchtige boter. Blijf kloppen tot alles goed gemengd is.

5 **Garnering:**
Schrap de worteltjes schoon. Snijd ze in een mooi strak modelletje. Breng een pannetje met water aan de kook en dompel de worteltjes hier 10 tellen in (dit heet 'blancheren'). Laat ze afkoelen. Roer de abrikozenjam los en haal de worteltjes erdoor. Schep de creamcheesecrème in een spuitzak met een kartelmondje. Spuit de crème direct op de afgekoelde wortelcakejes. Garneer met gehakte pistachenootjes en geglaceerde worteltjes.

Tip:

Als je niet van kokos houdt, kun je de kokosmelk vervangen door ananaspuree.

Rijk gevulde volkorencakejes met créamcheesecrème. Gegarneerd met snoeptomaatjes en komkommer. Een gezonde traktatie!

begin
Pan Pacific
Since 1993
Calif.

Smash cakes

Als kind vond ik films waarin taartsmijtgevechten te zien waren geweldig! Ik droomde ervan om daar in het echt bij te zijn, maar dat gebeurde natuurlijk nooit. Mijn ouders waren wijs genoeg mij te leren dat je niet met eten mocht knoeien, en dat was dat. Helaas was toen nog niemand op het idee gekomen om tijdens feestjes 'Smash cakes' te trakteren. Nu is er wat mij betreft geen ontkomen meer aan: Smash cake-party's worden een grote hit.

Voor een Smash cake-party leg je een groot stuk zeil of kunststof tafelkleed op tafel en maak je heel eenvoudige taartjes op kleine kartonnen of plastic bordjes. De taartjes maak je van een plakje biscuit of cake met een lepeltje jam, vers fruit en slagroom. Hier geldt vooral: houd het simpel. Alle kinderen krijgen een bordje met een lepeltje, houden het bordje in hun hand en: één – twee – smash! Alle taartjes gaan op z'n kop op tafel. Haal nu de bordjes eraf – spetteren mag – en snoepen maar. Smash cake-party's doen het goed bij kinderen, maar zijn ook een geliefd onderwerp van fotografen. Probeer het maar eens.

Dus kids... kom en Smash die Cakes!

Taarten

Chocolade-fudgetaart

De koning onder de chocoladetaarten. Smeuïg, zacht, rijk en donker!

Hoeveelheid: 1 taart
Bereidingstijd: circa 20 minuten
Wachttijd: 1 uur
Oventijd: 50 minuten of
2 keer 50 minuten

Moeilijkheidsgraad: **

Extra nodig: 2 of 4 springvormen
met een doorsnede van 24 cm,
bakpapier, keukenmachine

Ingrediënten

Cake
400 ml water
120 g cacaopoeder
330 g bloem
665 g suiker
12 g zout
20 g bakpoeder
450 ml karnemelk
170 ml arachideolie
4 eieren
1 vanillestokje
boter om in te vetten

Chocolade-fudgecrème
200 g pure chocolade
250 g roomboter, op kamertemperatuur
300 g poedersuiker
2 eetlepels cacaopoeder
100 g crème fraîche

Bereidingswijze:

1 **Cake:**
Breng het water aan de kook, los er de cacaopoeder in op en laat afkoelen.

2 Meng de bloem, de suiker, het zout en de bakpoeder door elkaar. Voeg de karnemelk, arachideolie en eieren toe en roer tot een glad beslag. Halveer het vanillestokje in de lengte en schraap het merg eruit. Voeg dit toe aan het beslag. Meng vervolgens het cacaowater door het beslag en laat circa 1 uur rusten.

3 Verwarm de oven voor op 170 °C. Vet de springvormen in met boter en bekleed de bodem met bakpapier. Verdeel het beslag over de vormen. Als je maar twee springvormen hebt, kun je twee keer twee cakes na elkaar afbakken. Bak de cakes in circa 50 minuten gaar en laat ze na het bakken afkoelen. Hak een van de cakebodems in een keukenmachine tot kruimels.

4 **Chocolade-fudgecrème:**
Smelt de chocolade au bain-marie. Klop de zachte boter met de poedersuiker luchtig. Voeg de gesmolten chocolade, cacaopoeder en crème fraîche toe en klop circa 4 minuten tot alles goed gemengd is. Bestrijk de cakes met de crème en leg ze op elkaar. Bestrijk de buitenkant ook met crème. Zet de taart aan met de cakekruimels.

Hoeveelheid: 1 taart
Bereidingstijd: circa 30 minuten
Wachttijd: 1 uur
Oventijd: 20 minuten

Moeilijkheidsgraad: ***

Extra nodig: plasticfolie, vlaaivorm, deegroller, spuitzak met gekarteld spuitmondje

Ingrediënten

Bodem
100 g roomboter, op kamertemperatuur
50 g suiker
120 g bloem
½ ei
boter om in te vetten

Pompoencakevulling
100 g zelfrijzend bakmeel
120 g lichtbruine basterdsuiker
mespuntje zout
1 theelepel speculaaskruiden
mespuntje kurkuma
1 ei
90 ml zonnebloemolie
130 ml melk
130 g geraspte pompoen
bloem om te bestuiven

Kaneelbavarois
3 blaadjes gelatine
kom met koud water
250 ml melk
1 theelepel kaneelpoeder
1 eidooier
50 g suiker
150 ml slagroom

Topping
200 ml slagroom
50 g suiker
chocoladeschaafsel
pijnboompitten, geroosterd
pecannoten, geroosterd
gedroogde cranberry's
kaneelpoeder

Herfstvlaai

Een brosse bodem gevuld met zachte pompoencake en hierop een kruidige kaneelbavarois gegarneerd met slagroom, noten, chocolade, cranberry's en kaneelpoeder.

Bereidingswijze:

1 **Bodem:**
Roer de boter met suiker glad. Voeg de bloem en het ei toe en meng tot een egaal deeg. Verpak het deeg in plasticfolie en laat het ongeveer 1 uur in de koelkast rusten.

2 Verwarm de oven voor op 180 °C. Vet de vlaaivorm in met boter.

3 **Pompoencakevulling:**
Meng in een kom het zelfrijzend bakmeel met basterdsuiker, zout, speculaaskruiden en kurkuma.

4 Meng in een andere kom het ei, de olie, melk en de geraspte pompoen. Roer beide mengsels door elkaar en meng circa 10 seconden goed en snel door elkaar.

5 Bestuif het aanrecht met bloem. Rol het gekoelde deeg uit en bekleed de bodem van de ingevette vlaaivorm met het deeg. Giet de pompoenvulling erop (circa 1 cm dik) en bak de vlaai af in de oven in circa 20 minuten af.
Laat de vlaai afkoelen.

6 **Kaneelbavarois:**
Week de gelatine in de kom met koud water. Breng de melk met de kaneelpoeder aan de kook. Klop in een kom de eidooier met de suiker los en giet er de kokende melk op. Giet de massa terug in de pan en verwarm voorzichtig (niet meer koken), al roerend met een spatel, tot de massa gebonden is. Controleer dit door met je vinger een streep te trekken op de spatel. Als de vloeistof niet doorloopt, is de bavarois goed. Knijp de gelatine uit en los op in de crème.
Laat even afkoelen op ijswater.

7 Klop intussen de slagroom lobbig. Als de crème begint te stollen, spatel dan de room erdoor. Verdeel de bavarois over de vlaai. Laat opstijven.

8 **Topping:**
Klop de slagroom met de suiker stijf en schep in een spuitzak met een gekarteld spuitmondje. Spuit de slagroom in een spiraalvorm op de taart.
Garneer met chocoladeschaafsel, geroosterde pijnboompitten en pecannoten, gedroogde cranberry's en kaneelpoeder.

Gemarmerde mango-yoghurttaart

Een frisse taart waarvoor je geen oven nodig hebt.

Hoeveelheid: 1 taart
Bereidingstijd: circa 45 minuten
Wachttijd: 2 uur

Moeilijkheidsgraad: **

Extra nodig: keukenmachine, springvorm van circa 30 cm doorsnede, plasticfolie, spuitzak met gekarteld spuitmondje

Ingrediënten

Bodem
125 g roomboter
250 g lange vingers
boter om in te vetten
Mangovulling
5 blaadjes gelatine
kom met koud water
425 g mangopuree
Yoghurtmousse
7 blaadjes gelatine
kom met koud water
400 ml slagroom
100 g suiker
1 eetlepel vanillesuiker
600 ml volle yoghurt
1 citroen, uitgeperst
Garnering
150 ml slagroom
30 g suiker
3 takjes munt
chocoladeschaafsel

Bereidingswijze:

1 **Bodem:**
Smelt de roomboter. Maal de lange vingers in een keukenmachine fijn en roer de gesmolten boter erdoor.

2 Vet de springvorm in met wat boter en bekleed de vorm met plasticfolie.

3 Verdeel het koekmengsel over de bodem en druk goed aan. Laat de bodem opstijven in de koelkast.

4 **Mangovulling:**
Week de gelatine 10 minuten in koud water. Verhit een derde van de mangopuree. Knijp de gelatine goed uit en los op in de warme mangopuree. Roer de rest van de mangopuree erdoor.

5 **Yoghurtmousse:**
Week de gelatine 10 minuten in koud water. Klop de slagroom met de suiker en vanillesuiker tot de dikte van yoghurt. Verwarm 3 eetlepels yoghurt in een pan en los hierin de goed uitgeknepen gelatine op. Roer de rest van de yoghurt erdoor en spatel de slagroom en het sap van de citroen erdoor.

6 **Taart:**
Schenk de helft van de yoghurtmousse in de taartvorm en schenk de mangovulling erop. Schenk de resterende yoghurtmousse erop en roer een paar keer voorzichtig door met een vork. Laat de taart minstens 2 uur opstijven in de koelkast.

7 **Garnering:**
Haal de taart uit de vorm en verwijder het plasticfolie. Klop de slagroom met de suiker stijf en schep de slagroom in een spuitzak met gekarteld spuitmondje. Spuit rozetten op de taart en garneer met blaadjes munt en geschaafde chocolade.

Banoffee

Een geweldige combinatie van banaan en toffee. Zachte bananencake bedolven onder heerlijke plakjes banaan, chocoladekrullen en toffeesaus.

Hoeveelheid: 1 taart
Bereidingstijd: circa 50 minuten
Oventijd: 25 minuten

Moeilijkheidsgraad: **

Extra nodig: ovenvaste aardewerken schaal

Ingrediënten

Bananencake
400 g bananen
olie om in te vetten
4 eieren
225 ml zonnebloemolie
300 g suiker
240 g bloem
7 g bakpoeder
mespuntje zout
mespuntje kaneelpoeder

Toffeesaus
300 g suiker
200 ml slagroom
150 g roomboter
mespuntje zout

Garnering
700 ml slagroom
1 reep melkchocolade
2 bananen

Bereidingswijze:

1 Bananencake:
Verwarm de oven voor op 190 °C. Snijd de helft van de bananen in plakjes en pureer of prak de overige helft. Vet de ovenschaal in met wat olie en verdeel de plakjes banaan over de bodem van de schaal.

2 Meng de gepureerde banaan met de eieren en de zonnebloemolie. Meng in een andere kom de suiker met de bloem, bakpoeder, kaneelpoeder en het zout. Meng dit met het bananenmengsel tot een gladde massa. Schep het beslag over de bananenplakjes in de taartvorm. Bak de cake in de oven in circa 25 minuten gaar in de oven. Laat de cake afkoelen.

3 Toffeesaus:
Karamelliseer de suiker in een pan (zie hoofdstuk Nuttige tips, werken met karamel, blz. 19). Breng in een ander pannetje de slagroom aan de kook. Schenk de room bij de karamel (PAS OP, HEET!) en kook tot de karamel is opgelost. Roer goed door tot een gladde saus, neem de pan van het vuur en voeg als laatste de roomboter toe. Voeg voor de diepte van de smaak een mespuntje zout toe. Roer alles goed door elkaar tot een gladde massa. Laat de toffeesaus afkoelen.

4 Garnering:
Klop de slagroom stijf. Schep de helft van de afgekoelde toffeesaus door de opgeklopte slagroom.

5 Verdeel de toffeeroom over de bananencake. Schaaf krullen van de chocolade en verdeel deze over de taart. Beleg met plakjes banaan. Garneer de cake met de overgebleven toffeesaus.

Tip

Zet de Banoffee op een mooie schaal en snijd er aan tafel stukjes uit, of gebruik gewoon een grote opscheplepel.

Strawberry cheesecake

De vulling voor deze cheesecake is heel gemakkelijk te maken. Het moet een gladde smeuïge massa zijn die ongebakken een beetje lijkt op de textuur van romige mayonaise. Zelf doe ik alle ingrediënten gewoon in de foodprocessor of keukenmachine met een mes. Hierin draaien de ingrediënten mooi glad. Als je geen keukenmachine hebt, roer je het best de niet te koude roomkaas eerst glad samen met de suiker.

Hoeveelheid: 1 taart
Bereidingstijd: circa 15 minuten
Oventijd: 1 uur

Moeilijkheidsgraad: **

Extra nodig: taartvorm van circa 24 cm doorsnede, bakpapier, keukenmachine

Ingrediënten

Bodem
80 g roomboter
200 g roomboterkoekjes
boter om in te vetten

Vulling
1 vanillestokje
900 g verse roomkaas
250 g suiker
115 ml zure room
5 eieren
30 g bloem

Garnering
250 g aardbeienjam
1 bakje verse aardbeien

Bereidingswijze:

1 **Bodem:**
Smelt de roomboter. Verkruimel de koekjes en meng door de gesmolten boter. Vet de taartvorm in met een beetje boter en bekleed met bakpapier. Druk de boterige koekkruimels er stevig in.

2 **Vulling:**
Verwarm de oven voor op 130 °C. Snijd het vanillestokje in de lengte open en schraap het merg eruit. Bewaar voor zelfgemaakt vanillesuiker het stokje in een pot met suiker (zie hoofdstuk Culinaire cadeautjes, blz. 247). Meng het merg, de roomkaas, suiker, zure room, eieren en bloem in de keukenmachine tot een gladde massa. Schep de vulling op de kruimelbodem. Bak de taart circa 1 uur in de oven.

3 **Garnering:**
Laat de taart afkoelen. Haal de taart uit zijn vorm en verwarm de aardbeienjam. Was de aardbeien en snijd ze in stukjes. Meng de aardbeien met de aardbeienjam en beleg de taart ermee.

Krokante perentaart

Heerlijke taart! De bodem is een bladerdeegplak die op zijn kop wordt gebakken. De bladerdeegbodem wordt gevuld met stukjes peer en een hemelse perencrème. Daarbovenop een krokante laag gesuikerde amandelen.

Hoeveelheid: 1 taart
Bereidingstijd: 1 uur
Wachttijd: 10 minuten
Oventijd: 30 minuten

Moeilijkheidsgraad: **

Extra nodig: taartvorm van circa 18 cm doorsnede, deegroller, bakplaat, bakpapier, bakplaatje, plasticfolie

Ingrediënten

Bodem
boter om in te vetten
4 plakjes bladerdeeg
2 eetlepel suiker
100 g witte chocolade

Victoriabeslag = gesuikerde amandelen
100 g geschaafde amandelen
100 g suiker
1 eiwit

Pangebakken peren
3 conference peren
1 eetlepel roomboter
1 theelepel kaneelpoeder
60 g suiker
2 eetlepel perenlikeur

Perencrème
5 blaadjes gelatine
200 ml perensap
4 eidooiers
40 g suiker
1 eetlepel bloem
kom met ruim koud water
4 eetlepels perenlikeur
120 ml slagroom
poedersuiker om te bestuiven

Bereidingswijze:

1 **Bodem:**
Verwarm de oven voor op 200 °C. Vet de buitenkant van de taartvorm in met wat boter. Zet de taartvorm op z'n kop.

2 Leg de plakjes bladerdeeg op elkaar, rol ze uit tot een grote plak van circa 2 mm dik en snijd er een cirkel uit (groter dan de taartvorm). Leg de deegcirkel op de ingevette taartvorm en prik het deeg in met een vork. Bestrijk het deeg met water, bestrooi met suiker en laat het deeg circa 10 minuten rusten. Bak de bodem in de oven in circa 20 minuten goudbruin en gaar en laat de bodem afkoelen.

3 Smelt de chocolade au bain-marie. Haal de bodem van de taartvorm en draai om. Bestrijk de binnenkant van de bodem met chocolade.

4 **Victoriabeslag:**
Bekleed een bakplaat met bakpapier. Meng de amandelen, suiker en het eiwit door elkaar en bak ze op de met bakpapier beklede bakplaat circa 10 minuten goudbruin in de oven. Laat de amandelen afkoelen.

5 **Pangebakken peren:**
Schil en halveer de peren, verwijder het klokhuis en snijd de peren in parten. Smelt de boter in een pan en bak de peren met kaneelpoeder en suiker goudbruin. Blus af met perenlikeur en laat de peerstukjes in de saus afkoelen.

6 **Perencrème:**
Week de gelatine in ruim koud water. Breng in een pan het perensap aan de kook. Voeg eventueel het bakvocht van de peren toe. Roer de eidooiers los met de suiker en roer de bloem erdoor. Schenk het warme perensap bij het eimengsel en roer goed door. Schenk het mengsel terug in de pan en kook de crème in circa 2 minuten gaar. Haal de pan van het vuur en los hierin de goed uitgeknepen gelatine op. Giet de crème op een met koud water afgespoeld bakplaatje, dek af met plasticfolie en laat afkoelen.

7 Klop de perenlikeur en de room tot yoghurtdikte en spatel de room door de afgekoelde perencrème.

8 Verdeel de peerstukjes over de taartbodem. Verdeel de perencrème erover en bestrooi met de gesuikerde amandelen. Bestuif met poedersuiker.

Christoffeltaart

Een klassieke taart gemaakt van drie lagen schuimgebak met chocoladeroom, kersen en geschaafde chocolade.

Hoeveelheid: 1 taart
Bereidingstijd: circa 30 minuten
Oventijd: 3 uur

Moeilijkheidsgraad: **

Extra nodig: bakpapier, spuitzak met glad spuitmondje

Ingrediënten

Schuim
6 eiwitten
300 g suiker

Chocoladeroom
250 g pure chocolade
500 ml slagroom
75 g suiker
100 g ontpitte kersen (vers indien in seizoen, anders uit pot of diepvries)

Garnering
blok pure chocolade

Bereidingswijze:

1 **Schuim:**
Verwarm de oven voor op 90 °C. Bekleed een bakplaat met bakpapier.

2 Klop de eiwitten met de suiker in een vetvrije kom tot een luchtig schuim. Schep het schuim in een spuitzak met een gladde spuitmond. Spuit drie bodems spiraalvormig op de met bakpapier beklede bakplaat. Droog het schuim in de oven in circa 3 uur.

3 **Chocoladeroom:**
Smelt de chocolade au bain-marie. Klop de slagroom met de suiker lobbig. Meng een beetje geslagen room door de gesmolten chocolade en roer goed door. Spatel de rest van de gesmolten chocolade door de room.

4 Bestrijk een schuimplak met wat chocoladeroom en verdeel de helft van de kersen erover. Leg de tweede schuimplak erop, bestrijk met chocoladeroom en verdeel de rest van de kersen erover. Leg de laatste schuimplak erop en bestrijk de boven- en zijkant met de resterende chocoladeroom.

5 **Garnering:**
Schaaf met een mes krullen van het blok chocolade. Zet de zijkant van de taart aan met het schaafsel en bestrooi de bovenkant ermee.

Tip

Via de horeca- of bakkerijgroothandel kun je grote blokken chocolade van 5 kilo kopen. Van deze grote blokken kun je vrij gemakkelijk met een groot mes krullen schaven. Thuis doe ik dit ook, maar dan van een gewone reep en een klein mesje. Dat is iets meer behelpen en duurt een stuk langer, maar het resultaat mag er ook zijn. Maar zoals altijd is er ook een makkelijke manier: gebruik dan chocoladevlokken (broodbeleg) in plaats van schaafsel.

Slagroomtaart

*Een heerlijk eenvoudige taart die favoriet is bij heel veel mensen.
De krokant gebakken amandelen maken deze taart extra lekker!*

Hoeveelheid: 1 taart
Bereidingstijd: circa 1 uur
Wachttijd: 15 minuten
Oventijd: 35 minuten

Moeilijkheidsgraad: *

Extra nodig: bakpapier, taartpan of springvorm van circa 24 cm doorsnede

Ingrediënten

Moskovisch beslag (voor tips zie het hoofdstuk EHBBO, blz. 357)
boter om in te vetten
90 g roomboter
6 eieren
175 g suiker
150 g bloem
Victoriabeslag (voor krokant gebakken gesuikerde amandelen)
100 g geschaafde amandelen
100 g suiker
1 eiwit
Vulling
600 ml slagroom
100 g suiker
1 potje frambozenjam
Garnering
1 banaan
1 kiwi
1 doosje rode bessen
10 witte druiven

Bereidingswijze:

1 **Moskovisch beslag:**
Verwarm de oven voor op 180 °C. Leg bakpapier op de bodem van de taartpan of springvorm en vet het papier in.

2 Smelt de roomboter.

3 Splits de eieren. Klop de eiwitten met de helft van de suiker tot stijve pieken.

4 Klop de eidooiers met de resterende suiker au bain-marie schuimig en lobbig. Spatel eerst de helft van de bloem door de eidooiers, dan drie kwart van het eiwit en dan de resterende bloem. Spatel het beslag door het resterende eiwit en roer voorzichtig de gesmolten boter erdoor.

5 Schenk het beslag in de taartpan en bak de cake circa 35 minuten in de oven tot hij goudbruin en gaar is. Laat de cake circa 15 minuten afkoelen en snijd de cake horizontaal in drie plakken.

6 **Victoriabeslag:**
Bekleed een bakplaat met bakpapier. Meng de amandelen, suiker en het eiwit door elkaar en bak de amandelen op de met bakpapier beklede bakplaat circa 15 tot 20 minuten goudbruin in de oven. Laat de amandelen afkoelen.

7 **Vulling en taart:**
Klop de slagroom met suiker stijf. Besmeer de onderste laag cake met frambozenjam. Leg de tweede plak cake erop en besmeer hem met slagroom. Leg de laatste plak cake erop en besmeer met zoveel slagroom dat de taart bovenop en rondom bedekt is.

8 Druk het Victoriabeslag tegen de zijkanten van de taart. Spuit rozetten slagroom op de bovenkant van de taart. Schil en snijd de banaan en kiwi in plakjes en garneer de taart naar eigen inzicht met het fruit.

Klassieke tarte tatin

De beroemde op z'n kop gebakken appeltaart. Doordat de grove appelparten op een laag karamel liggen, krijgen ze tijdens het bakken een prachtige goudgele kleur en raken ze doordrenkt met karamel.

Hoeveelheid: 1 taart
Bereidingstijd: circa 15 minuten
Oventijd: 45 minuten

Moeilijkheidsgraad: *

Extra nodig: taartpan van circa 24 cm doorsnede, deegroller, taartschaal

Ingrediënten

boter om in te vetten
300 g suiker
6 appels
4 plakjes bladerdeeg

Bereidingswijze:

1. Verwarm de oven voor op 170 °C. Vet de taartpan in.
2. Karamelliseer de suiker in een pan. Giet de karamel in de taartpan.
3. Schil de appels, snijd ze in vieren en verwijder de klokhuizen. Leg de appelkwarten op hun kant in de karamel.
4. Leg de bladerdeegplakjes op elkaar en rol uit ter grootte van de taartvorm. Prik het deeg in met een vork. Drapeer het deeg over de appels. Vouw het deeg dat de vorm overlapt terug in de rand. Bak de tarte tatin 45 minuten in de oven goudbruin.
5. Laat de taart afkoelen zodat de karamel iets kan stollen. Als de taart te warm is wanneer hij wordt omgedraaid, loopt de karamel eraf. Maar als de karamel te koud is, komt de taart niet meer uit de vorm. Leg een taartschaal ondersteboven op de taartpan. Draai de taartpan samen met de schaal om en neem vervolgens de taartpan weg.

Tip

Wat moet je doen wanneer de taart niet uit de vorm komt?
Verwarm dan de vorm kort boven het fornuis zodat de suiker weer zacht wordt en de taart makkelijk loslaat.

Tip:

Lekker recept met bijna geen suiker. Vooral heerlijk als dessert ter afsluiting van een mooi winters menu.

Stoofperentaartje

Het perfecte desserttaartje voor in een winters menu.

Hoeveelheid: 1 minitaartje
Bereidingstijd: circa 1 uur en 30 minuten
Oventijd: 30 minuten

Moeilijkheidsgraad: *

Extra nodig: 1 taartpan van 14 cm doorsnede, deegroller

Ingrediënten

1 fles rode wijn
1 kaneelstokje
2 eetlepels suiker
4 stoofperen
boter om in te vetten
1 eetlepel aardappelzetmeel
bloem om te bestuiven
3 plakjes bladerdeeg

Bereidingswijze:

1 Breng de rode wijn met het kaneelstokje en de suiker aan de kook. Schil de peren en kook ze in de wijn op laag vuur in circa 1 uur gaar.

2 Laat de peren in het vocht afkoelen. Haal de peren uit de wijn, maar bewaar het vocht. Snijd de peren in vieren en snijd het klokhuis eruit.

3 Vet de taartpan in. Zet de perenpartjes in een cirkel strak tegen elkaar aan in de taartpan.

4 Kook een flinke scheut van het perenvocht in. Leng het aardappelzetmeel aan met een beetje water en bind hiermee de saus. Laat 5 minuten doorkoken en afkoelen. Schenk een scheutje saus op de peertjes in de vorm.

5 Bestuif een werkvlak met bloem. Laat de plakjes bladerdeeg ontdooien, leg ze op elkaar en rol ze op het werkvlak uit tot een vierkant van 20 x 20 cm. Verwarm de oven voor op 180 °C.

6 Drapeer het deeg over de stoofpeertjes en prik het deeg in met een vork. Vouw het deeg dat de vorm overlapt terug in de rand. Bak de taart in circa 30 minuten in de oven goudbruin.

7 Los de taart op zijn kop en schenk de resterende saus erover. Serveer direct.

Mascarpone-appeltaart

Een heerlijke appeltaart die extra romig is dankzij de mascarponevulling.

Hoeveelheid: 1 taart
Bereidingstijd: circa 20 minuten
Wachttijd: 30 minuten
Oventijd: 50 minuten

Moeilijkheidsgraad: **

Extra nodig: plasticfolie, gekartelde taartvorm van circa 35 x 11 cm, deegroller

Ingrediënten

Deeg
1 citroen
250 g zelfrijzend bakmeel
80 g suiker
150 g roomboter, op kamertemperatuur
1 ei
mespuntje zout
boter om in te vetten
bloem om te bestuiven
Mascarponevulling
1 vanillestokje
100 g suiker
325 g mascarpone
2 eieren
100 g bloem
2 appels
75 g suiker
mespunt kaneelpoeder
Garnering
3 eetlepels abrikozenjam
3 eetlepels water

Bereidingswijze:

1 Deeg:
Was de citroen en rasp de schil (alleen het geel). Maak een kuiltje in het zelfrijzend bakmeel en meng daarin de suiker, zachte boter, het ei, citroenrasp en zout. Meng beetje bij beetje het zelfrijzend bakmeel erdoor. Duw het deeg plat, verpak het in plasticfolie en laat het 30 minuten opstijven in de koelkast.

2 Vet een taartvorm in. Bestuif het aanrecht en het deeg met bloem en rol het deeg uit. Bekleed de vorm met het deeg en prik de bodem in met een vork.

3 Mascarponevulling:
Verwarm de oven voor op 170 °C. Halveer het vanillestokje in de lengte, schraap het merg eruit en meng het merg en de suiker door de mascarpone. Bewaar voor zelfgemaakt vanillesuiker het stokje in een pot met suiker (zie hoofdstuk Culinaire cadeautjes, blz. 247).

4 Roer een voor een de eieren en als laatste de bloem erdoor. Schenk de mascarponevulling op het deeg tot net onder de rand van de vorm.

5 Schil de appels, verwijder het klokhuis en snijd de appels in plakjes. Steek de plakjes dakpansgewijs in de mascarponevulling. Meng de suiker met kaneel en bestrooi hiermee de appelplakjes.

6 Bak de taart in de oven in circa 50 minuten goudbruin en gaar en laat hem afkoelen.

7 Garnering:
Verwarm de abrikozenjam met het water en bestrijk de bovenkant van de taart ermee.

Tarte Bourdaloue

Deze Franse klassieker van bros deeg, zachte frangipanevulling en rijpe sappige peren is het lekkerst als hij nog een beetje warm wordt gegeten.

Hoeveelheid: 1 taart
Bereidingstijd: circa 30 minuten
Wachttijd: 30 minuten
Oventijd: 40 minuten

Moeilijkheidsgraad: **

Extra nodig: plasticfolie, keukenmachine, ronde taartvorm van 24 cm doorsnede

Ingrediënten

Deeg
150 g bloem
100 g roomboter
75 g suiker
1 ei
boter om in te vetten
bloem om te bestuiven

Frangipane
100 g geschaafde amandelen
100 g suiker
40 g roomboter, op kamertemperatuur
1 ei

Vulling
3 handperen
1 vanillestokje
125 ml slagroom
1 ei
20 g suiker

Garnering
30 g geschaafde amandelen
3 eetlepels abrikozenjam
3 eetlepels water
100 g poedersuiker

Bereidingswijze:

1 **Deeg:**
Maak een kuiltje in de bloem en meng daarin de boter met de suiker en het ei. Kneed beetje bij beetje de bloem erdoor en kneed tot een soepel deeg. Druk het deeg plat, verpak het in plasticfolie en laat het circa 30 minuten opstijven in de koelkast.

2 **Frangipane:**
Verwarm de oven voor op 170 °C. Maal de amandelen met de suiker fijn in een keukenmachine. Roer de boter en het ei erdoor.

3 Vet de springvorm in met boter. Rol het deeg op een met bloem bestoven aanrecht uit. Bekleed de vorm met het deeg en vouw het overlappende deeg terug in de rand voor extra stevigheid. Prik met een vork gaatjes in de bodem en verdeel de frangipane erover. Bak de taart circa 15 minuten in de oven.

4 **Vulling:**
Schil en halveer de peren en verwijder het klokhuis. Snijd de peren in plakjes van dezelfde dikte, maar laat de plakjes in de vorm van de halve peer tegen elkaar aan liggen. Zet de gesneden peren op de gebakken frangipane en druk ze een beetje plat.

5 Halveer het vanillestokje in de lengte en schraap het merg eruit. Meng in een kom het vanillemerg, de slagroom, het ei en de suiker en schenk over de peren. Bak de taart in circa 20 minuten goudbruin en gaar.

6 **Garnering:**
Rooster de amandelen in de oven goudbruin. Verwarm de jam met het water en bestrijk de bovenkant van de taart ermee. Bestrooi de rand van de bovenkant van de taart met de amandelen en bestuif met poedersuiker.

Hazelnoot-chocoschuimtaart

Afwisselende lagen bros schuim met romige chocoladecrème, fantasievol gedecoreerd in winterse sfeer.

Hoeveelheid: 1 taart
Bereidingstijd: circa 50 minuten
Oventijd: 25 minuten

Moeilijkheidsgraad: **

Extra nodig: 2 springvormen van circa 24 cm, bakpapier, keukenmachine, marmeren plaat, 2 spuitzakken met gladde spuitmond, schaar of gutsmesje

Ingrediënten

Hazelnootmeringue
boter om in te vetten
200 g blanke hazelnoten
25 g poedersuiker
6 eiwitten
450 g witte basterdsuiker
1 vanillestokje
½ theelepel azijn

Chocoladecrème
400 ml slagroom
200 g pure chocolade

Chocoladeschotsen
200 g pure chocolade

Marsepeinen dennenappels
100 g marsepein
1 theelepel cacaopoeder

Garnering
200 g aalbessen
8 physalis (kaapse kruisbes)

Bereidingswijze:

1 Hazelnootmeringue:
Verwarm de oven voor op 190 °C. Vet de springvormen in en bekleed de bodems met bakpapier.

2 Maal de hazelnoten met de poedersuiker fijn in de keukenmachine. Klop de eiwitten stijf en voeg beetje bij beetje de basterdsuiker toe. Halveer het vanillestokje in de lengte en schraap het merg eruit. Spatel het vanillemerg, de azijn en het notenmengsel door de eiwitten tot alles goed gemengd is. Schep het mengsel in een spuitzak en spuit drie schuimcirkels op de met bakpapier beklede bakplaat. Bak in de oven in circa 25 minuten gaar. Laat afkoelen.

3 Chocoladecrème:
Klop de slagroom tot yoghurtdikte. Hak de chocolade en smelt au bain-marie. Laat de gesmolten chocolade kort afkoelen en roer de slagroom erdoor. Laat dit afkoelen in de koelkast.

4 Chocoladeschotsen:
Smelt de chocolade au bain-marie tot 31 °C (zie voor meer uitleg hierover het hoofdstuk Nuttige tips, werken met chocolade, blz. 16). Strijk de chocolade dun uit (2 mm) op een vel stevig plastic of bakpapier en laat hem op een koele plaats hard worden. Breek de chocolade daarna in schotsen.

5 Marsepeinen dennenappels:
Kneed de marsepein met de cacaopoeder en rol er ongeveer 6 kleine balletjes van. Maak er een ovale vorm van en knip er kleine inkepingen in met een schaar, zodat er dennenappels ontstaan. Je kunt ook een gutsmesje gebruiken.

6 Garnering:
Ris de aalbessen met een vork van de steeltjes. Bestrijk de drie meringuelagen met wat chocoladecrème en verdeel hier twee derde van de aalbessen over. Stapel de meringuelagen op elkaar. Schep de resterende crème in de spuitzak en spuit een rand van de chocoladecrème. Decoreer de taart met de rest van de aalbessen en met de marsepeinen dennenappels, chocoladeschotsen en physalis.

Aardbeien misérable

Misérable is een typisch Belgische gebaksspecialiteit, gemaakt van twee lagen amandelbiscuit met daartussen vanilleroom of crème au beurre. Deze versie is met aardbeien.

Hoeveelheid: 1 taart
Bereidingstijd: circa 1 uur
Oventijd: 15 minuten

Moeilijkheidsgraad: **

Extra nodig: bakpapier, plasticfolie

Ingrediënten

Amandelbiscuit
7 eiwitten
240 g suiker
200 g amandelpoeder*
40 g bloem
Aardbeien-botercrème
250 ml aardbeiensap of -puree
75 g suiker
2 eidooiers
1 eetlepel bloem
250 g roomboter, op kamertemperatuur
60 g poedersuiker
Garnering
250 g aardbeien
poedersuiker om te bestuiven

Bereidingswijze:

1 **Amandelbiscuit:**
Verwarm de oven voor op 190 °C. Bekleed de bakplaat met bakpapier.

2 Klop de eiwitten met 40 gram suiker luchtig. Meng het amandelpoeder met de rest van de suiker en de bloem en spatel door het eiwit. Strijk het beslag circa 2 cm dik uit op de met bakpapier beklede bakplaat. Bak het biscuit circa 15 minuten in de oven tot goudbruin en gaar.

3 **Aardbeien-botercrème:**
Breng in een pan het aardbeiensap met de helft van de suiker aan de kook.

4 Klop intussen de eidooiers met de rest van de suiker tot een crème. Voeg de bloem toe en giet een scheutje van het aardbeiensap al roerende in het eimengsel. Schenk terug in de pan en laat dit nog 5 minuten op laag vuur zachtjes koken. Blijf roeren. Giet het mengsel op een plat bord of schaal, dek af met plasticfolie en laat enigszins afkoelen. De folie versnelt het afkoelen en gaat velvorming tegen.

5 Klop de zachte boter met poedersuiker luchtig, voeg het afgekoelde aardbeien-botermengsel toe en klop in circa 5 minuten tot een luchtige aardbeien-botercrème.

6 **Garnering:**
Snijd de plak biscuit in twee lagen en bestrijk één plak met de aardbeien-botercrème. Leg de andere plak erop en bestrijk met de resterende aardbeien-botercrème. Beleg de misérable met aardbeien en bestuif met poedersuiker.

Tip

*** Amandelpoeder:**
te koop bij de biologische winkel of hak 200 g geschaafde amandelen zo fijn mogelijk in een keukenmachine.

Operataart

Platte vierkante of rechthoekige taart van amandel, koffie en chocolade die je vooral bij Franse en Belgische patissiers veel ziet. Traditioneel gedecoreerd met het chocoladeopschrift 'Opera'.

Hoeveelheid: 1 taart
Bereidingstijd: circa 1 uur
Oventijd: circa 6-8 minuten
Wachttijd: 3 uur

Moeilijkheidsgraad: ***

Extra nodig: keukenmachine, bakpapier, plasticfolie, bakvorm van 21 x 21 cm, diepvriesvak

Ingrediënten

Choco-amandelbeslag
115 g amandelschaafsel
130 g suiker
3 eieren
3 eiwitten
50 g roomboter
25 g cacaopoeder
Koffiecrème
125 ml melk
125 ml espresso
75 g suiker
2 eidooiers
1 eetlepel bloem
250 g roomboter, op kamertemperatuur
60 g poedersuiker
Operaganache
110 ml melk
160 g pure chocolade
50 g roomboter, op kamertemperatuur
Glanslaag
200 g pure chocolade
240 ml slagroom
Garnering
40 g melkchocolade
1 vel bladgoud

Bereidingswijze:

1 Choco-amandelbeslag:
Verwarm de oven voor op 220 °C. Maal de amandelen met de helft van de suiker fijn in de keukenmachine en voeg de eieren toe. Klop de eiwitten met de rest van de suiker tot stijve pieken. Smelt de boter. Meng boter en cacaopoeder door het amandelmengsel en spatel het geklopte eiwit erdoor. Bekleed een bakplaat met bakpapier. Giet het eimengsel op de met bakpapier beklede bakplaat en strijk uit tot een plak van circa 5 mm dik. Bak het amandelbiscuit in de oven in 6 tot 8 minuten goudbruin en gaar. Draai na het bakken het amandelbiscuit ondersteboven op bakpapier. Verwijder het bakpapier en laat het biscuit afkoelen. Snijd het biscuit in drie gelijke plakken.

2 Koffiecrème:
Breng in een pan de melk en de espresso met de helft van de suiker aan de kook. Klop intussen de eidooiers met de rest van de suiker tot een crème. Voeg de bloem toe en giet een scheutje van de hete melk al roerende bij het eimengsel. Schenk terug in de pan en laat het mengsel nog 5 minuten op laag vuur zachtjes koken. Blijf roeren. Giet dan op een plat bord of schaal, dek af met plasticfolie en laat afkoelen. De folie versnelt het afkoelen en gaat velvorming tegen. Klop de boter met poedersuiker luchtig, voeg het afgekoelde koffiemengsel toe en klop in circa 5 minuten tot een luchtige koffiecrème.

3 Operaganache:
Verwarm de melk en hak de chocolade in stukjes. Giet al roerend beetje bij beetje de warme melk bij de chocolade en meng tot een egale glanzende ganache. Meng vervolgens de zachte boter erdoor.

4 Taartopbouw:
Leg een laag choco-amandelbiscuit in de bakvorm en bestrijk met de koffiecrème. Leg hierop weer een plak choco-amandelbescuit, bestrijk met een dunne laag operaganache en leg er de derde laag choco-amandelbiscuit op. Bestrijk met een tweede laag koffiecrème. Strijk strak af en vries de taart circa 2 uur in.

5 Glanslaag:
Hak de chocolade grof en breng de room aan de kook. Haal de pan van het vuur en voeg de chocoladestukjes toe. Laat het mengsel afkoelen en roer glad. Strijk de glanslaag over de bevroren taart. Laat de taart in de koelkast in circa 1 uur opstijven.

6 Garnering:
Laat de taart ontdooien voor het serveren. Haal hem uit de vorm en snijd de randen eraf. Smelt de melkchocolade au-bain marie. Vouw van bakpapier een cornetje en vul met de chocolade. Spuit de taart op met het woord 'Opera'. Garneer met een paar stukjes bladgoud.

Tip

Spuit letters van gesmolten chocolade niet direct op de taart. Als je per ongeluk een fout maakt, is dat jammer van de uitstraling van de taart. Spuit daarom de letters eerst op een chocolade'briefje'. Smelt hiervoor wat extra pure chocolade en strijk dit dun uit in een rechthoekig malletje of sjabloon op bakpapier. Verwijder het malletje, maak er een paar extra en laat de chocolade uitharden. Spuit de chocoladeletters op deze 'briefjes', kies de mooiste en leg deze op de taart. De rest kan altijd weer gebruikt worden als garnering.

Klassieke appeltaart

De taart zoals mijn moeder hem altijd maakte.
Dus voor mij de moeder aller taarten!

Hoeveelheid: 1 taart
Bereidingstijd: circa 30 minuten
Wachttijd: 30 minuten
Oventijd: 1 uur

Moeilijkheidsgraad: **

Extra nodig: plasticfolie, springvorm van 22 cm doorsnede, bakpapier, deegroller, kwastje

Ingrediënten

Deeg
300 g bloem
100 g suiker
½ theelepel zout
200 g koude roomboter
1 ei
2 eetlepels ijskoud water
boter om in te vetten
bloem om te bestuiven
4 eetlepels paneermeel
Vulling
100 g rozijnen
kommetje heet water
1,2 kg zoetzure appels
100 g suiker
2 theelepels kaneelpoeder
1 eetlepel custardpoeder
1 ei

Bereidingswijze:

1 **Deeg:**
Zeef de bloem boven een kom en voeg suiker en zout toe. Snijd de boter in blokjes en voeg toe aan de bloem. Voeg het ei en water toe en kneed er met koele handen een deeg van. Pak het deeg in plasticfolie en laat het minimaal 30 minuten in de koelkast rusten.

2 Verwarm de oven voor op 180 °C. Vet de springvorm in en bekleed de bodem met bakpapier. Bestuif het aanrecht en deeg met bloem. Rol twee derde van het deeg uit tot een ronde lap van 30 cm doorsnede. Bekleed de bodem en de rand van de ingevette springvorm met het deeg. Bestrooi de bodem met paneermeel. Dit is om vocht uit de appels op te vangen; hierdoor wordt de bodem lekker krokant.

3 **Vulling:**
Wel de rozijnen 5 minuten in heet water. Schil de appels, snijd ze in vieren en verwijder de klokhuizen. Snijd de appels in dunne plakjes en meng ze met suiker, kaneelpoeder, custardpoeder en de goed uitgelekte rozijnen. Leg de appelplakjes in laagjes in de vorm.

4 Rol de rest van het deeg uit tot een dunne lap. Snijd er lange repen van 1 tot 1,5 cm dikte van en leg deze kruislings over de taart. Klop het ei los en bestrijk de bovenkant van de taart ermee.

5 Bak de taart circa 1 uur in de oven tot goudbruin en gaar. Laat de taart in de vorm afkoelen en snijd hem daarna in mooie punten. Lekker met geklopte slagroom.

Texas style applepie

Een overheerlijke appelscheptaart. Bijna te lekker!

Hoeveelheid: 1 taart
Bereidingstijd: circa 40 minuten
Wachttijd: 30 minuten
Oventijd: 50 minuten

Moeilijkheidsgraad: **

Extra nodig: plasticfolie, ovenvaste aardewerken schaal, deegroller

Ingrediënten

Deeg
450 g bloem
2 theelepels suiker
2 theelepels zout
250 g koude roomboter
100 ml ijswater
2 theelepels azijn
boter om in te vetten

Topping
120 g pecannoten
75 g suiker
40 g bruine basterdsuiker
1 theelepel kaneelpoeder
50 g bloem
mespuntje zout
50 g roomboter
bloem om te bestuiven

Vulling
6 stevige appels
100 g roomboter
200 g suiker
2 eetlepels kaneelpoeder
80 ml whiskylikeur of whisky (voor de juniorversie: 50 ml appelsap)
100 g crème fraîche

Bereidingswijze:

1 **Deeg:**
Zeef de bloem boven een kom en voeg suiker en zout toe. Snijd de koude boter in blokjes en voeg ze toe aan de bloem. Voeg water en azijn toe en kneed er met koele handen een deeg van. Pak het deeg in plasticfolie en laat het minimaal 30 minuten in de koelkast rusten.

2 **Topping:**
Verwarm de oven voor op 180 °C. Rooster de pecannoten circa 8 minuten in de oven. Laat afkoelen en hak grof. Meng beide soorten suiker met de kaneelpoeder, bloem en het zout. Snijd de boter in blokjes, voeg toe en wrijf het mengsel uit tot een kruimelig deeg. Meng er de pecannoten door en zet weg in de koelkast.

3 **Vulling:**
Schil de appels, snijd ze in vieren en verwijder de klokhuizen. Snijd ze vervolgens in plakjes. Smelt de boter in een grote braadpan en bak de appelplakjes 5 minuten. Meng de suiker en kaneelpoeder en strooi dit over de appels in de pan. Roer even door en laat gedurende 1 minuut rustig sudderen.

4 Schep de appelplakjes met een schuimspaan uit de pan en spreid ze uit over een plateau. Laat zo veel mogelijk boter en suiker in de pan. Blus de pan af met de likeur, voeg de crème fraîche toe en laat gedurende 5 tot 10 minuten rustig inkoken tot een karamelachtige saus. Zet het vuur uit en voeg de appels weer toe.

5 Vet de ovenschaal in. Bestuif het aanrecht en deeg met bloem. Rol het deeg uit en bekleed de ingevette schaal met het deeg. Schep het appelmengsel erop en verdeel de topping erover. Bak circa 50 minuten in de oven tot de vulling begint te koken en de topping mooi bruin is. Eet de taart warm of op kamertemperatuur.

Tip:

Deze taart kun je niet snijden. Schep met een lepel een flinke portie op de borden en serveer bijvoorbeeld met geklopte slagroom.

Bosnische dadeltaart

Een taart waar je geen oven voor nodig hebt.

Hoeveelheid: 1 taart
Bereidingstijd: circa 15 minuten
Wachttijd: 2 uur

Moeilijkheidsgraad: *

Extra nodig: springvorm van 25 cm doorsnede, bakpapier

Ingrediënten

boter om in te vetten
500 g dadels zonder pit
200 g volkoren biscuitjes
250 g boter
150 g bruine basterdsuiker
1 ei
200 g kokosrasp

Bereidingswijze:

1. Vet de springvorm in en bekleed hem met bakpapier. Snijd de dadels in reepjes. Breek de koekjes in kleine stukjes.

2. Smelt de boter en voeg de suiker toe. Blijf roeren tot de suiker opgelost is. Klop het ei los in een kommetje en voeg al roerende het ei toe aan de botermengsel. Roer door tot een gladde saus.

3. Voeg de dadelstukjes toe en laat ze even warm worden. Voeg vervolgens de koekstukjes toe en de helft van het kokosrasp. Meng alles goed door.

4. Schenk het dadelmengsel in de vorm, druk aan met een lepel en laat circa 2 uur opstijven in de koelkast. Haal de taart uit de vorm, verwijder het bakpapier en keer de taart om. Bestrooi met de rest van de kokos.

Mojitotaart

Hoeveelheid: 1 taart voor ca. 8 pers.
Bereidingstijd: circa 30 minuten
Wachttijd: 1 uur
Oventijd: 25 + 18 minuten

Moeilijkheidsgraad: **

Extra nodig: bakpapier, taartpan van 24 cm doorsnede, plasticfolie, deegroller, springvorm van 26 cm doorsnede, spuitzak met een gladde spuitmond

Ingrediënten

Babacake
4 g gedroogde gist
200 g bloem
70 g roomboter
1 theelepel honing
5 eieren
boter om in te vetten

Rummengsel
75 ml water
150 g suiker
50 ml rum

Bretonse koek
1 citroen
160 g roomboter
120 g witte basterdsuiker
½ ei
260 g bloem
1 mespuntje zout
1 theelepel bakpoeder
bloem om te bestuiven

Mojitocrème
½ bosje munt
125 ml melk
125 ml limoensap
2 eidooiers
100 g suiker
2 eetlepels bloem
250 g zachte roomboter
60 g poedersuiker

Garnering
1 reep chocolade
rasp van 1 limoen
4 takjes munt

De mojitococktail bestaat onder andere uit suiker, munt, rum en limoen. Heerlijke ingrediënten die ook in dit recept volledig tot zijn recht komen. De baba is een cake die is doordrenkt met een rumsiroop.

Bereidingswijze:

1 **Babacake:**
Los het gist op in een scheutje lauw water. Meng de bloem met boter, het gistmengsel en de honing. Voeg een voor een de eieren toe en meng tot een glad beslag. Vet een taartpan in met boter en bekleed de bodem met bakpapier. Verdeel het beslag over de taartpan. Laat het beslag circa 30 minuten rijzen.

2 Verwarm de oven voor op 200 °C. Bak de babacake in circa 25 minuten goudbruin en gaar. Laat de cake afkoelen.

3 **Rummengsel:**
Breng het water met de suiker aan de kook totdat de suiker is oplost. Laat volledig afkoelen. Voeg daarna de rum toe en roer goed door.

4 **Bretonse koek:**
Rasp de schil van de citroen en meng met de boter, witte basterdsuiker en het halve ei. Meng de bloem met het zout en het bakpoeder. Voeg toe aan het botermengsel en kneed tot een soepel deeg. Verpak het deeg in plasticfolie en laat circa 30 minuten rusten in de koelkast.

5 Verwarm de oven voor op 160 °C. Bestuif werkvlak en deegroller met bloem. Rol het deeg uit tot een dikte van circa 5 mm. Steek er een cirkel van 26 cm uit met een springvorm zonder bodem en bak de koek in circa 18 minuten goudbruin en gaar. Laat de Bretonse koek afkoelen. Leg de babacake op de Bretonse koek en verdeel het rummengsel erover.

6 **Mojitocrème:**
Pluk en hak de blaadjes munt grof. Breng de melk en de munt aan de kook. Laat de melk circa 5 minuten op laag vuur trekken. Meng het limoensap met de eidooiers en de suiker en roer de bloem erdoor. Schenk de kokende melk, door een zeef op de eidooiers. Schenk terug in de pan en kook circa 1 minuut door. Laat de crème afkoelen tot handwarm. Klop de boter met de poedersuiker en de limoencrème luchtig. Schep de mojitocrème in een spuitzak met een gladde spuitmond.

7 **Garnering:**
Spuit een spiraalvorm mojitocrème om de babacake. Schraap met een mes schaafsel van de chocoladereep. Garneer de taart met limoenrasp, de chocoladerasp en takjes munt.

Keukengerei in de Bakery

Kwali-tijd?

Wat zijn we verwend,
dat mag best eens gezegd,
't gaat goed, lekker druk,
maar... wat raakt ons nog echt?

Hoe lief is mijn liefde?
Hoe lekker de cake?
En wat is mijn aandeel?
Hoe snel ging jouw week?

In hectische tijden,
raast alles voorbij,
maar wat zoeken we eigenlijk?
Wat maakt ons écht blij?

Waarschijnlijk is 't aandacht,
puurheid op elk gebied,
't zit in kleine details,
die je soms niet eens ziet.

Amaretti limoncello,
sounds like opera to me,
but they're cookies from Italia
when you eat them you will see,
that their taste is pure perfection,
nothing more and nothing less,
while they don't look really special,
makes them wonderfull, I guess!

Bite the cupcake,
suck the smoothness,
let your baker lead the way!
Step into the world of pastry,
this will be a lengthy stay!

Once there was a baker,
passion ruled his blood.
Fantasies of pastry
created from his gut
made his clients wonder:
why is this so good?
Are we tasting heaven,
is this angel's food?
Miracles can happen,
sometimes every day
so, just let this baker
take your breath away!

This pie is the limit,
believe it or not!
And inside this crusty,
from capetown: bobot!

Bakkertjes, bakkertjes, in 't land,
wat proeft 't zoetste aan m'n tand?
Zijn 't de vlaaien uit Maastricht?
Of gaan bij mensen hun ogen pas dicht
als ze doen smelten heerlijk zacht
chocola uit Haarlem meegebracht;
wafels uit Zeeland, Bossche bol,
Deventer koek, hoe houden we 't vol?
Moppen en kransjes, flappen fondant,
Holland lijkt soms wel luilekkerland.

Chocolade

Laat je tong vaker strelen,
verhef je gemoed.
Al eeuwen doen velen
zich kostelijk tegoed
aan goud dat uit bonen
verrukking ons geeft.
Chocola kan je tonen
zolang als je leeft
een blik in de hemel,
een goddelijk moment.
En is je gehemelte
eenmaal gewend,
dan blijft je op aarde
voor altijd vergund
die hemelse waarde,
genot, onverdund.

24 KITCHEN

ROCKY
ROAD

TAVENER RUTLEDGE
KEYLARD

High

Did you ever take a bite,
sank your teeth too deep
in a mousse so featherlight
memory to keep?
Those are moments quite unique
I collect them all!
When my days are somewhat bleak,
I will just recall.

Like that day I ate meringue,
this was years ago,
all my senses drew a blank,
I was struck a blow!
And my very first soufflé,
shot me through the sky.
I can taste it still today...
it was an all-time high!

In a kitchen full of flavours,
It feels good to be alive;
juggling with my pots and ladles,
look at me, I dance and jive!

Taste is a hazardous subject,
nobody likes it the same,
sweets are a dangerous weapon,
temptation the name of the game.

Chocolate

Chocolate keeps my spirits high,
it's the simple truth.
not a day has passed me by
since my early youth,
without at least a little bite,
so heavenly its joy!
It kept me sane and very bright
since I was just a boy.

ROCKY
ROAD

Rocky Road

Rocky Road heeft een ietwat vreemde ontstaansgeschiedenis. Halverwege de 19e eeuw verwerkten dubieuze handelaren in Australië afgekeurde zoetwaren die op de schepen te lang onderweg waren geweest, tot een verkoopbaar product. Goedkope chocolade werd gesmolten en vermengd met allerlei ingrediënten zoals marshmallows, noten en kokos. Dit mengsel werd in bakken gestort en in stukken gesneden verkocht aan voornamelijk mijnwerkers. Om de grote groep mijnwerkers te verleiden tot aankoop, werd de naam Rocky Road verzonnen. Deze naam stond symbool voor de hobbelige weg die de mijnwerkers dagelijks moesten afleggen op weg naar de goudmijnen.

In Australië bestaat Rocky Road meestal uit marshmallows, chocolade, kokos, gekonfijte kersen, pinda's of macadamianoten, en soms zelfs aardbeiensaus. Rocky Road is in De Verenigde Staten vooral bekend als ijssmaak. Chocolade-ijs wordt dan vermengd met stukjes marshmallow en noten. In Groot-Brittannië kennen ze Rocky Road vooral als een mix van marshmallows, biscuitjes, melkchocolade, krenten en rozijnen.

Hoeveelheid: 1 taart
Bereidingstijd: circa 45 minuten
Wachttijd: 30 minuten
Oventijd: 1 uur en 25 minuten

Moeilijkheidsgraad: **

Extra nodig: plasticfolie, gekartelde taartvorm van 23 cm doorsnede, bakpapier, deegroller

Ingrediënten

Deeg
150 g bloem
50 g suiker
mespuntje zout
100 g koude roomboter
½ ei
boter om in te vetten
bloem om te bestuiven

Pompoenvulling
500 g pompoen
3 eieren
100 g suiker
50 g bruine basterdsuiker
mespuntje zout
2 theelepels speculaaskruiden
20 g bloem
100 g crème fraîche
50 ml bourbon whisky
(voor kids? Neem dan appelsap)

Topping
2 appels
150 g bloem
80 g suiker
80 g bruine basterdsuiker
1 theelepel kaneelpoeder
100 g roomboter

Kaneelcrackers
35 g roomboter
100 g poedersuiker
35 ml melk
25 g bloem
1 theelepel kaneelpoeder
poedersuiker om te bestuiven

Pompoen-kaneeltaart

Eet deze taart als hij nog een beetje warm is. Verrukkelijk bij een kop warme chocolademelk of bij een winterse thee.

Bereidingswijze:

1 **Deeg:**
Zeef de bloem boven een kom en voeg suiker en zout toe. Snijd de koude boter in blokjes en voeg toe aan de bloem. Voeg het halve ei toe en kneed er met koele handen een deeg van. Pak het deeg in plasticfolie en laat minimaal 30 minuten in de koelkast rusten.

2 **Pompoenvulling:**
Verwarm de oven voor op 170 °C. Bekleed een bakplaat met bakpapier. Schil de pompoen en snijd in blokjes, verspreid ze over de met bakpapier beklede bakplaat en bak ze circa 30 minuten tot ze gaar zijn. Laat iets afkoelen.

3 Schep de gare pompoenstukje in een kom en roer een voor een de eieren erdoor. Voeg suiker, bruine basterdsuiker, zout, speculaaskruiden en bloem toe. Roer door en voeg de crème fraîche en whisky toe.

4 **Topping:**
Schil en snijd de appels in blokjes. Meng bloem, suiker, bruine basterdsuiker, kaneelpoeder en boter door elkaar tot er een kruimelig deeg ontstaat. Meng de appelblokjes door de deegkruimels.

5 Verhoog de temperatuur van de oven naar 180 °C. Vet de taartvorm in en bekleed hem met bakpapier. Bestuif het aanrecht en deeg met bloem en rol het deeg uit. Bekleed de taartvorm ermee. Vouw het overlappende deeg terug in de rand zodat die steviger wordt. Prik het deeg in met een vork. Verdeel de pompoenvulling over het deeg en strooi de topping erover. Bak de taart circa 45 minuten in de oven goudbruin en gaar.

6 **Kaneelcrackers:**
Bekleed een bakplaat met bakpapier. Smelt de roomboter en meng met de poedersuiker, melk, bloem en kaneelpoeder. Strijk het beslag uit op de met bakpapier beklede bakplaat. Haal de taart uit de oven en verhoog de temperatuur van de oven naar 200 °C. Bak de kaneelcrackers circa 6-8 minuten in de oven tot ze goudbruin en gaar zijn. Breek ze na het bakken in stukken en garneer de taart ermee. Bestuif voor het serveren met poedersuiker.

Double trouble pie cake

Een cake en taart ineen. Zachte cake belegd met ananasvulling en gedecoreerd met een raster van taartdeeg.

Hoeveelheid: 1 taart
Bereidingstijd: circa 20 minuten
Wachttijd: 30 minuten
Oventijd: 55 minuten

Moeilijkheidsgraad: **

Extra nodig: ovenvaste aardewerken schaal, plasticfolie, deegroller

Ingrediënten

Cake
boter om in te vetten
200 g roomboter, op kamertemperatuur
200 g suiker
4 eieren
200 g bloem

Fruitvulling
1 ananas
250 g suiker

Deeg
250 g bloem
100 g boter, op kamertemperatuur
80 ml water
½ ei
snufje zout
bloem om te bestuiven
1 eidooier gemengd met een scheutje room, om te bestrijken
2 eetlepels suiker om te bestrooien

Bereidingswijze:

1 **Cake:**
Verwarm de oven voor op 175 °C. Vet de ovenschaal in. Roer de zachte boter met de suiker luchtig en meng een voor een de eieren erdoor. Meng de bloem door het botermengsel. Schep het beslag in de ovenschaal en bak de cake circa 40 minuten in de oven tot hij goudbruin en gaar is. Laat vervolgens 10 minuten afkoelen.

2 **Fruitvulling:**
Schil de ananas, verwijder de kern en snijd het vruchtvlees in blokjes. Meng de ananas met de suiker en laat circa 20 minuten staan. Laat de ananas uitlekken en schep op de afgekoelde cake.

3 **Deeg:**
Maak een kuiltje in de bloem en meng in het kuiltje boter, water, ei en zout. Kneed beetje bij beetje de bloem erdoor tot je een soepel deeg hebt. Verpak het deeg in plasticfolie en laat circa 30 minuten rusten in de koelkast.

4 Verhoog de temperatuur van de oven naar 200 °C. Bestuif het aanrecht en het deeg met bloem. Rol het deeg tot circa 3 mm dik uit. Snijd repen van circa 2 cm breed. Druk de uiteindes van twee of drie banen tegen elkaar zodat je een lange deegstrook krijgt. Vlecht de andere banen tot een raster. Leg dit op de ananasvulling. Vouw het lange stuk deeg rondom de taart zodat je de uiteindes van het vlechtwerk verbergt. Druk goed aan.

5 Bestrijk met het ei-roommengsel, bestrooi met de suiker en bak nog 15 minuten in de oven tot de taart goudbruin en gaar is. Serveer warm.

Chocolade-karamel-taart met tuttifrutti

Een echte showstopper met een prachtig glanzende chocoladelaag.

Hoeveelheid: 1 taart
Bereidingstijd: circa 1 uur
Oventijd: circa 6-8 minuten
Wachttijd: 2 uur

Moeilijkheidsgraad: ***

Extra nodig: bakpapier, taartring van 20 cm doorsnede, taartring van 28 cm doorsnede, plasticfolie, diepvriezer, taartverhoging of rooster en extra bakblik

Ingrediënten

Tuttifruttibiscuit
150 g tutti frutti
25 g roomboter
3 eieren
80 g suiker
80 g bloem
2 eetlepel lemon curd (citroengelei)

Chocolade-karamelmousse
boter om in te vetten
200 g pure chocolade
500 ml slagroom
40 g suiker
2 eidooiers

Tuttifruttigalletjes
75 g tutti frutti
1 eetlepel pistachenootjes
150 g pure chocolade

Cacaogelei
280 ml water
360 g suiker
260 ml slagroom
120 g cacaopoeder
6 blaadjes gelatine

Bereidingswijze:

1 Tuttifruttibiscuit:
Verwarm de oven voor op 200 °C. Bekleed een bakplaat met bakpapier. Snijd de tuttifrutti fijn. Smelt de boter. Klop de eieren met de suiker luchtig. Zeef de bloem in twee porties boven de eieren en spatel de bloem erdoor. Spatel de gesmolten boter erdoor. Giet het mengsel op de met bakpapier beklede bakplaat en strijk uit tot een grote plak van circa 5 mm dik. Verdeel de tuttifrutti erover en bak het biscuit in circa 6 tot 8 minuten goudbruin en gaar. Draai het biscuit na het bakken ondersteboven op bakpapier. Verwijder het bakpapier en laat het biscuit afkoelen. Steek met de taartringen twee cirkels uit het biscuit, zodat je een grote plak en een iets kleinere plak hebt. Bestrijk de plakken met de lemon curd.

2 Chocolade-karamelmousse:
Bekleed een bord of schaal met plasticfolie. Zet de grootste taartring erop. Vet de taartring in of bekleed de rand met stevig plasticfolie. Hak de chocolade fijn en doe in een kom. Verwarm een kwart van de room en klop de rest lobbig. Karamelliseer de suiker en blus af met de warme room. Klop de eidooiers los, giet er de kokende karamelroom op en roer goed door. Giet de warme crème op de gehakte chocolade, roer tot een gladde massa en laat afkoelen tot circa 35 °C. Spatel de lobbige room er in delen door. Schep een beetje mousse in de vorm. Leg in het midden de kleinere plak tuttifrutti- biscuit, vul de vorm verder op met de mousse en eindig met de andere laag biscuit. Vries de vorm circa 2 uur in.

3 Tuttifruttigalletjes:
Snijd de tuttifrutti en de pistachenootjes fijn. Smelt de chocolade au bain-marie tot 31 °C. Verdeel 1 eetlepel gesmolten chocolade op een met bakpapier beklede bakplaat en wrijf uit tot een cirkel. Bestrooi met de tuttifrutti en pistachenootjes. Herhaal dit tot de chocolade op is en laat de galletjes opstijven.

4 Cacaogelei:
Breng water, suiker, slagroom en cacaopoeder aan de kook en kook circa 10 minuten tot de vloeistof ingedikt is. Week de gelatine in koud water. Haal de pan van het vuur, knijp de gelatine uit en los hem op in de warme siroop. Laat de gelei afkoelen tot circa 40 °C. Haal de bevroren taart uit de vorm. Zet een taartverhoging of rooster boven een bakblik (om de gelei op te vangen) en zet hierop de taart. Schenk de lauwe cacaogelei over de ijskoude taart. Laat teveel aan gelei eraf druipen. Gebruik een paletmes om de bovenkant gelijk af te strijken. Zet de taart op een mooie schaal. Druk de galletjes tegen de zijkant van de taart en laat de taart ontdooien.

Tip

Vries restjes van overgebleven biscuitdeeg goed ingepakt in plasticfolie in, om voor een ander recept te gebruiken.

Rocky Road-taart

Eenvoudig te maken taart die zijn oorsprong vindt in Australië. Je hebt hiervoor geen oven nodig.

Hoeveelheid: 1 taart
Bereidingstijd: circa 30 minuten
Wachttijd: 20 minuten

Moeilijkheidsgraad: *

Extra nodig: keukenmachine, gekartelde taartvorm van 35 x 11 cm, bakpapier

Ingrediënten

Bodem
boter om in te vetten
250 g volkorenkoekjes
80 g pinda's
80 g cashewnoten
150 g roomboter, op kamertemperatuur
Vulling
210 g pure chocolade
200 ml slagroom
2 eidooiers
100 g marshmallows
50 g geroosterde gezouten amandelen met vlies
Garnering
50 g pure chocolade

Bereidingswijze:

1 **Bodem:**
Vet de bakvorm in en bekleed hem met bakpapier. Maal de volkorenkoekjes in de keukenmachine met de pinda's en de cashewnoten fijn. Meng de zachte boter erdoor. Verdeel het mengsel over de taartvorm. Druk goed tegen de bodem en de rand. Zet de bodem in de koelkast tot de vulling klaar is.

2 **Vulling:**
Hak de chocolade, doe twee derde in een kom en zet een derde apart. Breng de slagroom aan de kook en klop de eidooiers los. Giet een scheutje warme room op de eidooiers en roer door. Giet de massa terug in de pan met room en laat garen zonder te koken. Giet de crème in de kom met het grootste deel chocolade en roer goed door zodat de chocolade smelt. Laat de massa afkoelen tot handwarm. Verdeel de lauwe vulling over de bodem en laat de taart ongeveer 20 minuten in de koelkast opstijven.

3 Knip of snijd de marshmallows doormidden. Verdeel de marshmallows, de amandelen en de rest van de apart gehouden chocoladestukjes over de taart.

4 **Garnering:**
Smelt de chocolade au bain-marie. Vouw een cornetje van bakpapier en schep de gesmolten chocolade erin. Spuit lijntjes chocolade over de rocky road taart.

ROCKY
ROAD

Notre dame

Cake met kwarkmousse, kersen en gebrand schuim.

Hoeveelheid: 2 kleine taartjes of 1 grote
Bereidingstijd: circa 1 uur en 30 minuten
Oventijd: 6-8 minuten
Wachttijd: 2 uur

Moeilijkheidsgraad: ***

Extra nodig: bakpapier, stevig plasticfolie, twee taartringen van 16 cm (voor klein taartje), vriezer, kookthermometer, spuitzak, grote gladde spuitmond, gasbrander

Ingrediënten

Moskovisch beslag (voor tips zie het hoofdstuk EHBBO, blz. 357)
6 eieren
175 g suiker
90 g roomboter
150 g bloem
Kwarkmousse
3 blaadjes gelatine
kom met koud water
250 ml slagroom
1 citroen
250 ml kwark
35 g poedersuiker
Kersentopping
1 blaadje gelatine
kom met koud water
3 eetlepels kersenjam
250 g kersen zonder pit, indien niet in seizoen uit de diepvries of pot
Italiaans schuim
4 eiwitten
50 ml water
170 g suiker
Garnering voor onderrand
2 eetlepels nootjes of nougatine (zie werken met karamel, blz. 19)

Bereidingswijze:

1 **Moskovisch beslag:**
Verwarm de oven voor op 180 °C. Bekleed een bakplaat met bakpapier. Splits de eieren en klop de eidooiers met de helft van de suiker au bain-marie luchtig. Klop de eiwitten met de rest van de suiker tot stijve pieken. Spatel het eiwit door de eidooiers. Smelt de boter. Roer de bloem en de boter door het eimengsel.

2 Strijk het beslag dun uit tot een plak van circa 5 mm dikte op de met bakpapier beklede bakplaat. Bak het beslag in de oven in circa 6-8 minuten goudbruin en gaar. Draai het biscuit na het bakken ondersteboven op het bakpapier. Verwijder het bakpapier en laat het biscuit afkoelen. Steek er twee keer drie cirkels van 16 cm doorsnede uit.

3 **Kwarkmousse:**
Week de gelatine in ruim koud water. Klop de slagroom op tot yoghurtdikte. Pers de citroen uit. Meng de kwark met de poedersuiker en het sap van een halve citroen. Los de gelatine met aanhangend water op in een pan. Meng de opgeloste gelatine door de kwark en spatel de room erdoor.

4 Bekleed de taartringen van 16 cm doorsnede met stevig plasticfolie*. Zet ze op een bord of schaal bekleed met plasticfolie. Bouw de taartjes op in de ringen. Begin met een plak biscuit en verdeel daarop een laag kwarkmousse. Herhaal dit tot het biscuit en de mousse op zijn, maar eindig met een laag biscuit. Vries de taartjes 2 uur in.

5 **Kersentopping:**
Week de gelatine in ruim koud water. Verwarm de jam en los de geweekte gelatine erin op. Meng door de kersen. Bekleed twee kommetjes met plasticfolie en verdeel hierin het kersenmengsel. Vouw de folie samen. Zo is de kersentopping straks makkelijk op de taartjes te leggen.

6 **Italiaans schuim:**
Klop de eiwitten stijf. Breng het water met de suiker aan de kook en kook tot 121 °C. Schenk de hete siroop bij het eiwit en klop het eiwit tot het taai en bijna koud is. Schep het schuim in een spuitzak met grote gladde spuitmond.

7 Haal de taartjes uit de ringen en zet ze op een ondergrond waar je ze goed kunt opspuiten. Verdeel de kersen in het midden van de taart. Spuit het schuim in schuine banen van de bovenkant van de taartjes naar beneden. Strijk de rand van het eiwit af met een paletmes. Brand het schuim goudbruin af met een gasbrander.

8 **Garnering voor onderrand:**
Werk de rand van de taart af met wat fijngehakte nootjes of nougatine.

Tip

* Knip stevige plastic insteekhoesjes (kantoorboekhandel) in repen om je taartring mee te bekleden. Zo is de taart er makkelijk uit te halen.

Tip

*** Amandelpoeder**
te koop bij de biologische winkel of hak 115 g geschaafde amandelen
zo fijn mogelijk in een keukenmachine.

Charlotte royal

Romige vanillebavarois met friszure rode vruchtjes, omhuld met rolletjes cake.

Hoeveelheid: circa 30 stuks
Bereidingstijd: circa 1 uur
Oventijd: 6-8 minuten
Wachttijd: 3 uur en 30 minuten

Moeilijkheidsgraad: **

Extra nodig: bakpapier, plasticfolie, ronde kom of bombevorm

Ingrediënten

Biscuitrol
20 g boter
3 eiwitten
130 g suiker
3 eieren
25 g bloem
115 g amandelpoeder*
1 potje frambozenjam

Bavarois
4 blaadjes gelatine
kom met koud water
250 ml slagroom
1 vanillestokje
250 ml melk
4 eidooiers
130 g suiker
200 g diepvriesvruchten, bijv. frambozen of aardbeien
1 eetlepel cognac
1 eetlepel vanillesuiker

Garnering
3 eetlepels abrikozenjam
100 g amandelschaafsel

Bereidingswijze:

1 Biscuitrol:
Verwarm de oven voor 200 °C. Bekleed een bakplaat met bakpapier. Smelt de boter. Klop de eiwitten met de helft van de suiker tot stijve pieken. Roer de eieren met de resterende suiker schuimig. Meng de bloem met de amandelpoeder. Roer de gesmolten boter door de eidooiers. Roer de helft van de bloem en 1 eetlepel eiwit erdoor. Spatel de rest van de bloem en het eiwit erdoor. Strijk het beslag uit over de met bakpapier beklede bakplaat. Bak het biscuit in de oven in circa 6-8 minuten goudbruin en gaar. Draai het biscuit na het bakken ondersteboven op bakpapier. Verwijder het bakpapier en laat het biscuit afkoelen. Besmeer de plak met jam. Rol de plak in de lengte op. Pak in plasticfolie en laat 30 minuten opstijven in de koelkast.

2 Bavarois:
Week de gelatine in koud water. Klop de slagroom tot yoghurtdikte. Halveer het vanillestokje in de lengte en schraap het merg eruit. Bewaar voor zelfgemaakt vanillesuiker het stokje in een pot met suiker (zie hoofdstuk Culinaire cadeautjes, blz. 247). Breng in een pan de melk met het vanillemerg aan de kook. Roer de eidooiers los met de suiker. Schenk er een beetje melk bij en roer goed door. Schenk het eimengsel bij de warme melk en bindt op laag vuur zonder te koken. Laat het mengsel afkoelen. Los op middelhoog vuur de gelatine met aanhangend water op in een pan en roer de gelatine door het mengsel. Spatel de slagroom erdoor. Meng het fruit met de cognac en de vanillesuiker.

3 Opbouw:
Snijd de biscuitrol in plakjes. Bekleed de kom of bombevorm ruim met plasticfolie. Bekleed de binnenkant van de kom met plakjes biscuit en schenk twee derde van de bavarois erop. Meng de rest van de bavarois met het fruit en schenk in de kom. Beleg de bavarois bovenop met plakjes biscuit en vouw het plastic dicht. Leg er een bord op en laat de charlotte minstens 3 uur opstijven in de koelkast.

4 Garnering:
Verwarm de jam in een pannetje en schenk door een zeef. Rooster de amandelen in een droge pan. Bestrijk de Charlotte royal met de jam en rol de rand door het amandelschaafsel.

Bananensplitvlaai

Iedereen kent natuurlijk de bananensplit als ijsje, maar deze variant is ook erg lekker. Je kan er natuurlijk altijd nog een bolletje ijs op leggen!

Hoeveelheid: 1 vlaai
Bereidingstijd: circa 40 minuten
Oventijd: 30 minuten
Wachttijd: 30 minuten

Moeilijkheidsgraad: **

Extra nodig: plasticfolie, vlaaivorm, deegroller, spuitzak, gekarteld spuitmondje

Ingrediënten

Vlaaideeg
200 g bloem
2 eetlepels suiker
7 g gedroogde gist
mespuntje zout
30 g koude roomboter
1 ei
100 ml melk
boter om in te vetten
bloem om te bestuiven

Banketbakkersroom
500 ml melk
1 vanillestokje
150 g suiker
4 eidooiers
2 eetlepels bloem

Chocoladesaus
130 g pure chocolade
100 ml slagroom

Topping
50 g amandelschaafsel
200 ml slagroom
75 g suiker
4 bananen

Bereidingswijze:

1 Vlaaideeg:
Zeef de bloem boven een kom en voeg de suiker en gist toe. Roer door en voeg zout toe. Snijd de koude boter in blokjes en voeg toe aan de bloem. Voeg het ei en de melk toe en kneed er een deeg van. Laat het deeg, in een afgedekte kom, circa 30 minuten rijzen.

2 Banketbakkersroom:
Breng de melk aan de kook. Halveer het vanillestokje in de lengte en schraap het merg eruit. Voeg het vanillemerg toe aan de melk. Bewaar voor zelfgemaakte vanillesuiker het stokje in een pot met suiker (zie hoofdstuk Culinaire cadeautjes, blz. 247). Zet het vuur lager, laat de melk 5 minuten zachtjes trekken en roer af en toe rustig door. Klop intussen de eidooiers met de suiker tot een crème. Voeg de bloem toe en giet de hete melk al roerende bij het eimengsel. Schenk terug in de pan en laat de bakkersroom nog 5 minuten op laag vuur zachtjes koken. Blijf roeren. Giet dan op een plat bord of schaal, dek af met plasticfolie en laat afkoelen. Het afdekken is om het afkoelen te versnellen en velvorming tegen te gaan.

3 Verwarm de oven voor op 190 °C. Vet een vlaaivorm in. Bestuif het aanrecht en deeg met bloem. Rol het vlaaideeg dun uit. Bekleed de ingevette vorm met het deeg. Snijd de randjes eraf. Vul de vorm met de banketbakkersroom en bak de vlaai in circa 20 minuten gaar. Haal de bodem uit de vorm en laat deze op een rekje afkoelen.

4 Chocoladesaus:
Hak de chocolade fijn. Breng de slagroom aan de kook en roer de chocoladestukjes erdoor. Blijf roeren tot de chocolade opgelost is.

5 Topping:
Bak het amandelschaafsel in circa 12 minuten in de nog warme oven (190 °C) goudbruin. Klop de slagroom met de suiker stijf en schep in een spuitzak met een gekartelde spuitmond. Pel de bananen en snijd ze in plakjes. Verdeel de helft van de plakjes banaan over de vlaai. Spuit er toefjes slagroom op. Garneer met de rest van de plakjes banaan. Lepel de chocoladesaus over de vlaai en bestrooi met het geroosterde amandelschaafsel.

Open confituretaart

Een bloemvormige bladerdeegbodem met acht punten, gevuld met banketbakkersroom en verschillende soorten fruit.

Hoeveelheid: 1 taart
Bereidingstijd: 40 minuten
Oventijd: 20 minuten

Moeilijkheidsgraad: **

Extra nodig: deegroller, bakpapier, kartelstekertje, kwastje, twee spuitzakken, gekarteld spuitmondje

Ingrediënten

Bodem
8 plakjes bladerdeeg
bloem om te bestuiven
1 ei
Banketbakkersroom
1 vanillestokje
250 ml melk
150 g suiker
2 eidooiers
1 eetlepel bloem
200 ml slagroom
Gelei
kom met koud water
3 blaadjes gelatine
1 citroen
250 ml water
150 g suiker
200 g abrikozenjam
200 g witte chocolade
Fruitvulling
100 g aardbeien
3 vijgen
3 kiwi's
100 g mango
1 tros pitloze druiven
1 banaan
100 g bosbessen
100 g frambozen

Bereidingswijze:

1 Bodem:
Verwarm de oven voor op 175 °C. Bekleed een bakplaat met bakpapier. Laat het bladerdeeg ontdooien en leg vijf plakjes op elkaar. Bestuif het aanrecht en deeg met bloem. Rol dun uit tot een plak van circa 30 cm doorsnede. Leg de plak op de met bakpapier beklede bakplaat. Snijd uit de plak een bloemvorm met acht gelijke blaadjes. Snijd van de overgebleven bladerdeegplakjes vier banen van 1 cm breed en met de lengte van de bloem. Steek er met een kartelsteker, ter grootte van de bloemblaadjes, halve maantjes en een rondje uit. Bestrijk de banen met water en leg ze kruislings op de bloem. Bestrijk de halve maantjes met water en druk ze aan de buitenste rand van de bodem. Klop het ei los, bestrijk het rondje hiermee en druk het rondje in het midden van de bloem. Bestrijk het hele deeg met ei. Bak de bodem in circa 20 minuten goudbruin en gaar.

2 Banketbakkersroom:
Halveer het vanillestokje in de lengte en schraap het merg eruit. Breng in een pan de melk met het vanillemerg en 75 gram suiker aan de kook. Roer de eidooiers los en roer de bloem erdoor. Meng een scheutje melk door het eimengsel, schenk terug in de pan en roer goed door. Breng de banketbakkersroom aan de kook en gaar op laag vuur circa 5 minuten. Laat de banketbakkersroom afgedekt met plasticfolie afkoelen. Klop de slagroom met de rest van de suiker tot yoghurtdikte. Meng de helft van de slagroom door de banketbakkersroom en schep de andere helft in een spuitzak met een gekarteld spuitmondje.

3 Gelei:
Week de gelatine in ruim koud water. Pers de citroen uit. Breng het water, citroensap en de suiker aan de kook tot de suiker is opgelost. Zet het vuur uit en roer de abrikozenjam en de uitgeknepen gelatine erdoor. Schenk de gelei door een zeef en laat circa 2 minuten afkoelen.

4 Smelt de chocolade au bain-marie en bestrijk de bodem ermee. Schep de banketbakkersroom in een spuitzak en spuit de room gelijkmatig over de bodem.

5 Fruitvulling:
Maak de aardbeien, vijgen en kiwi's schoon en snijd in plakken. Maak de mango schoon en snijd in blokjes. Haal de druiven van de tros. Pel de banaan en snijd in plakjes. Was de bosbessen en frambozen. Verdeel het fruit over de taart en bestrijk met de gelei. Spuit in het midden een toef slagroom.

Tip

Als je zelf bladerdeeg maakt of als je een grote plak bladerdeeg (op een rol) hebt, hoef je niet eerst de kleine plakjes deeg uit te rollen. Het meeste werk zit ’m in het maken van de bodem. Maar het is een leuk knutselwerkje, dat scheelt!

Sinaasappeltaart

*Deze taart heeft het allemaal.
Hij ruikt fantastisch en hij is superlekker.*

Hoeveelheid: 1 taart
Bereidingstijd: circa 1 uur
Wachttijd: 1 uur
Oventijd: 20 minuten

Moeilijkheidsgraad: **

Extra nodig: lage taartring van 16 cm doorsnede, spuitzak met gladde spuitmond, gasbrander

Ingrediënten

Suikerdeeg
100 g koude roomboter
100 g poedersuiker
250 g bloem
mespuntje zout
1 ei
boter om in te vetten

Sinaasappelbanketbakkersroom
1 vanillestokje
250 ml sinaasappelsap
75 g suiker
2 eidooiers
2 eetlepels bloem

Vulling
2 sinaasappels
2 eetlepels paneermeel

Sinaasappelschuim
60 ml sinaasappelsap
190 g suiker
3 eiwitten

Garnering
1 eetlepel pistachenootjes
1 eetlepel gekonfijte sinaasappelschil

Bereidingswijze:

1 Suikerdeeg:
Meng de boter met de poedersuiker, bloem, het zout en ei en kneed tot een soepel deeg. Verpak het deeg in plasticfolie en laat circa 30 minuten rusten in de koelkast.

2 Vet de taartring in. Rol het deeg uit en bekleed eerst de rand en daarna de bodem met het deeg. Snijd het teveel aan deeg weg. Prik de bodem in en zet in de koelkast tot de vulling klaar is.

3 Sinaasappelbanketbakkersroom:
Halveer het vanillestokje in de lengte en schraap het merg eruit. Bewaar voor zelfgemaakte vanillesuiker het stokje in een pot met suiker (zie hoofdstuk het Culinaire cadeautjes, blz. 247). Breng in een pan het sinaasappelsap, vanillemerg en de helft van de suiker aan de kook en laat dit 5 minuten zachtjes trekken. Roer de eidooiers met de rest van de suiker los en roer de bloem erdoor. Meng een scheutje sinaasappelsap door het eimengsel, schenk in de pan en roer goed door. Breng de sinaasappelbanketbakkersroom aan de kook en gaar en laat circa 3 minuten op laag vuur garen.

4 Vulling:
Verwarm de oven voor op 180 °C. Schil de sinaasappels, snijd de sinaasappelpartjes eruit en verwijder de pitjes. Bestrooi de deegbodem met het paneermeel en leg de sinaasappelpartjes op de bodem. Schep de sinaasappelbanketbakkersroom over de sinaasappels. Bak de taart in circa 20 minuten goudbruin en gaar. Laat de taart daarna circa 30 minuten afkoelen tot de banketbakkersroom stevig is geworden. Neem daarna de taartring eraf.

5 Sinaasappelschuim:
Breng in een pan het sinaasappelsap met de suiker aan de kook tot 121 °C. Klop het eiwit tot stijve pieken. Giet druppelsgewijs de suikersiroop erbij en klop het eiwit koud. Schep het schuim in een spuitzak met een gladde spuitmond. Spuit toefjes schuim op de taart en rooster het schuim goudbruin met een gasbrander.

6 Garnering:
Hak de pistachenootjes en garneer de taart hiermee, samen met de gekonfijte sinaasappelschil. De taart kan zowel warm als koud worden gegeten.

Hartig

Brabantse worstenbroodjes

Met deze prachtig zelfgemaakte worstenbroodjes op tafel is het meteen een feest!

Hoeveelheid: 10 stuks
Bereidingstijd: circa 1 uur 15 minuten
Wachttijd: 1 uur en 30 minuten
Oventijd: 20 minuten

Moeilijkheidsgraad: **

Extra nodig: plasticfolie, deegroller, bakpapier

Ingrediënten

Deeg
500 g bloem
6 g zout
10 g basterdsuiker
125 g roomboter, op kamertemperatuur
250 ml melk
10 g gedroogde gist
Vulling
600 g half-om-half gehakt
50 g paneermeel
1 ei
25 ml melk
zout
versgemalen peper

1 ei om te bestrijken
bloem om te bestuiven

Bereidingswijze:

1 **Deeg:**
Meng de bloem met het zout en de suiker. Meng hierdoor de zachte boter, melk en gist. Kneed tot een egaal deeg en verdeel in porties van 80 gram. Laat het deeg circa 30 minuten onder plasticfolie rijzen.

2 **Vulling:**
Meng het gehakt met paneermeel, ei en melk. Kneed goed door. Breng op smaak met zout en peper. Rol van het gehaktmengsel worstjes van ongeveer 80 gram. Laat ze 20 minuten opstijven in de koelkast.

3 Verwarm de oven voor op 200 °C. Bekleed een bakplaat met bakpapier.

4 Klop het ei los. Bestuif het aanrecht en deeg met bloem. Rol de bolletjes deeg ovaal uit. Leg de worstjes op het deeg. Bestrijk de naden met losgeklopt ei. Vouw het deeg eerst aan de zijkanten van het gehakt dicht en rol het deeg dan op. Druk de naden tegen elkaar. Leg de broodjes met de naad aan de onderkant op de met bakpapier bekleedde bakplaat. Bestrijk met het losgeklopte ei. Laat de broodjes nog 45 minuten narijzen. Bak de worstenbroodjes circa 20 minuten in de oven tot goudbruin en gaar.

Hoeveelheid: 8 stuks
Bereidingstijd: circa 45 minuten
Wachttijd: 30 minuten
Oventijd: 30 minuten

Moeilijkheidsgraad: **

Extra nodig: plasticfolie, bakpapier, deegroller, taartsteker van 12 cm doorsnede

Ingrediënten

Deeg
500 g bloem
9 g zout
200 ml lauw water
10 g gedroogde gist
10 g suiker
100 g roomboter, op kamertemperatuur
scheutje olijfolie

Soezenbeslag
50 ml melk
50 ml water
50 g roomboter
50 g bloem
1 ei

Vulling
500 ml bouillon, bijv. kip of groente
2 kipfilets
50 g rijst
50 g sperzieboontjes
1 banaan
25 g taugé
mespuntje zout

Pindasaus
1 teentje knoflook
½ citroen
65 ml water
1 eetlepel sojasaus
mespuntje komijnpoeder
10 g bruine basterdsuiker
1 theelepel sambal
40 g pindakaas

bloem om te bestuiven
1 ei met een scheutje room, om te bestrijken
2 eetlepels sesamzaadjes

Kipsatébroodjes

Heerlijk om uit de hand te eten, met een exotische vulling van kip, groenten, rijst, banaan en pindasaus.

Bereidingswijze:

1 **Deeg:**
Maak een kuiltje in de bloem en strooi het zout over de rand. Schenk het water in het kuiltje en los de gist erin op. Voeg suiker en boter toe en kneed beetje bij beetje de bloem erdoor. Voeg eventueel een scheutje olijfolie toe. Kneed tot een soepel deeg en laat het in een kom, bestoven met bloem en afgedekt met plasticfolie, circa 30 minuten rijzen.

2 **Soezenbeslag:**
Breng in een pan de melk, het water en de boter aan de kook. Roer de bloem erdoor en laat, al roerende, circa 5 minuten garen. Schep de roux in een kom en roer het ei erdoor. Voor dit recept heb je maar de helft van dit beslag nodig. Bewaar de andere helft in de koelkast voor een ander recept.

3 **Vulling:**
Breng de bouillon aan de kook en kook hierin de kipfilets op laag vuur in circa 20 minuten gaar. Haal de kip uit de bouillon en laat afkoelen. Snijd de kip fijn.

4 Kook de rijst volgens de gebruiksaanwijzing. Maak de bonen schoon en kook ze beetgaar in water met zout. Spoel ze koud af en snijd ze in stukjes. Pel de banaan en snijd in plakjes.

5 **Pindasaus:**
Pel de knoflook en snijd fijn. Pers de citroen uit. Breng water met knoflook, citroensap, sojasaus, komijnpoeder, suiker en sambal aan de kook en roer de pindakaas erdoor. Kook de saus tot yoghurtdikte. Meng de saus met de kip, rijst, taugé en banaan. Breng eventueel op smaak met een mespuntje zout.

6 Verwarm de oven voor op 180 °C. Bekleed de bakplaat met bakpapier. Bestuif het aanrecht en deeg met bloem. Rol het deeg uit tot een plak van circa 5 mm dik en steek er met de taartsteker 16 cirkels uit. Leg de helft van de cirkels op de met bakpapier beklede bakplaat en bestrijk de randjes met ei.

7 Verdeel de vulling over de met ei bestreken cirkels deeg. Leg er een plak deeg op en druk de randen vast met een vork. Bestrijk de bovenkant van de broodjes met ei en bestrooi met sesamzaadjes. Maak met een klein mesje een gaatje in de bovenkant zodat de stoom kan ontsnappen. Bak de broodjes circa 30 minuten in de oven goudbruin en gaar.

Italiaanse kipflapjes

Bella Italia, deze flapjes zijn een heerlijke snack voor tussen de middag of bij de picknick.

Hoeveelheid: 10 stuks
Bereidingstijd: circa 30 minuten
Oventijd: 20 minuten

Moeilijkheidsgraad: *

Extra nodig: bakpapier, kwastje

Ingrediënten

2 eetlepels mascarpone
50 g geraspte Parmezaanse kaas
225 g kipfilet
25 g zwarte olijven zonder pit
1 teentje knoflook
1 lente-ui
2 takjes dille
2 takjes tijm
zout
versgemalen peper
10 plakjes bladerdeeg
1 eidooier
50 ml slagroom

Bereidingswijze:

1 Meng de mascarpone met de Parmezaanse kaas. Snijd de kip in kleine stukjes en de olijven in ringen. Pel de knoflook en hak fijn. Snijd de lente-ui in ringen. Pluk de dille en ris de tijmblaadjes van de takjes. Hak de kruiden fijn. Meng de kip, olijven, knoflook, lente-ui en kruiden door het mascarponemengsel en breng op smaak met zout en peper.

2 Verwarm de oven voor op 180 °C. Bekleed een bakplaat met bakpapier. Laat de plakjes bladerdeeg ontdooien.

3 Meng de eidooier en de slagroom en bestrijk de bladerdeegplakjes ermee. Schep in het midden van elk plakje een lepel vulling en vouw de punten naar elkaar toe zodat er een flapje ontstaat. Bestrijk de bovenkant met het eidooiermengsel en bak de flapjes in de oven in circa 20 minuten goudbruin en gaar.

Borrelbrood

Supersimpel om te maken en perfect om te snacken bij de borrel.

Hoeveelheid: 1 brood
Bereidingstijd: circa 20 minuten
Oventijd: 25 minuten

Moeilijkheidsgraad: *

Extra nodig: 1 ronde ovenschaal

Ingrediënten

boter om in te vetten
50 g groene olijven zonder pit
80 g artisjokkenharten uit blik
40 g ansjovisfilet op olie
2 teentjes knoflook
275 g bloem
7 g bakpoeder
225 ml karnemelk
2 eieren
100 g gorgonzola dulce
10 takjes basilicum
125 g minibolletjes mozzarella
100 g kerstomaatjes
olijfolie om te besprenkelen

Bereidingswijze:

1 Verwarm de oven voor op 180 °C. Vet de ovenschaal in.

2 Snijd de olijven, artisjokken en ansjovisfilet fijn. Pel de knoflook en snijd fijn. Meng bloem en bakpoeder met elkaar. Meng in een andere kom karnemelk en eieren door elkaar.

3 Roer het karnemelk-eimengsel door het bloemmengsel en verbrokkel de gorgonzola erboven. Pluk de basilicumblaadjes en snijd ze in reepjes, houd de helft apart om te garneren. Meng het basilicum, de olijven, artisjokken, ansjovis en knoflook door het beslag.

4 Schenk het beslag in de ovenschaal en verdeel de bolletjes mozzarella en kerstomaatjes erover. Bak het borrelbrood in de oven in circa 25 minuten goudbruin en gaar. Garneer het brood met basilicumreepjes en besprenkel met olijfolie.

Tomatenbroodrolletjes

Het perfecte gezelschap voor bij een kopje soep.

Aantal personen: 12
Bereidingstijd: circa 1 uur
Wachttijd: 1 uur
Oventijd: 25 minuten

Moeilijkheidsgraad: *

Extra nodig: plasticfolie, mixer, staafmixer, cupcaketray, deegroller

Ingrediënten

Deeg
olie om in te vetten
330 g bloem
35 g suiker
7 g gedroogde gist
6 g zout
1 eetlepel gedroogde oregano
35 g roomboter, op kamertemperatuur
1 ei
180 ml melk
Pesto
75 g basilicum
60 g pijnboompitten
1 teentje knoflook
100 ml olijfolie
zout
versgemalen peper

bloem om te bestuiven
12 pruimtrostomaten
1 eidooier met een scheutje room om te bestrijken
12 blaadjes basilicum

Bereidingswijze:

1 **Deeg:**
Smeer een kom licht in met olie. Kneed alle deegingrediënten tot een soepel deeg. Als je dit doet met een elektrische mixer blijft het deeg mooi koel en kneed het makkelijker. Vorm het deeg tot een bal en leg deze in de kom. Dek het deeg af met plasticfolie en laat circa 30 minuten op kamertemperatuur rijzen.

Pesto:
2 Pureer het basilicum, de pijnboompitten en knoflook met behulp van staafmixer, blender of vijzel en roer de olie erdoor. Breng op smaak met zout en peper.

3 Vet de cupcaketray in met olie. Vet een vel plasticfolie in met olie. Bestuif het aanrecht en deeg met bloem. Rol het deeg uit tot een rechthoekige plak en bestrijk met de pesto. Snijd de deegplak in twaalf lange banen van circa 4 cm breed. Rol de banen op. Zet de deegrolletjes met de spiraalkant naar beneden in de cupcaketray. Druk er aan de bovenkant een pruimtrostomaat in. Bedek met de ingevette plasticfolie en laat het deeg nog circa 30 minuten rijzen.

4 Verwarm de oven voor op 180 °C. Bestrijk de broodrolletjes met het eidooiermengsel. Bak de rolletjes in circa 25 minuten goudbruin en gaar in de oven. Haal de broodrolletjes uit de vorm en garneer met een blaadje basilicum.

Mexicaanse nachotaart

Een goed vullende maaltijd in de vorm van een feestelijke taart.

Hoeveelheid: 1 taart
Bereidingstijd: circa 30 minuten
Wachttijd: 30 minuten
Oventijd: 50 minuten

Moeilijkheidsgraad: **

Extra nodig: plasticfolie, bakpapier, springvorm van 20 cm doorsnede

Ingrediënten

Deeg
285 g bloem
140 g roomboter, op kamertemperatuur
130 g roomkaas
5 theelepels koud water
1½ eetlepel azijn
1 theelepel bakpoeder
mespuntje zout
boter om in te vetten
bloem om te bestuiven

Nachovulling
1 rode paprika
1 groene paprika
100 g maïskorrels uit blik
100 g kidneybonen uit blik
500 g half-om-half gehakt
2 eetlepels jalapeñopepers (uit pot)
2 eieren
mespunt zout
50 g paneermeel
250 g nachochips
50 g geraspte kaas

Guacamole
1 rijpe avocado
1 teentje knoflook
3 takjes koriander
1 limoen
120 g zure room
zout
versgemalen peper

Bereidingswijze:

1 **Deeg:**
Kneed de bloem, boter, roomkaas, azijn, het water, bakpoeder en zout tot een soepel deeg en laat het deeg, ingepakt in plasticfolie, circa 30 minuten rusten in de koelkast.

2 Verwarm de oven voor op 180 °C. Vet de springvorm in. Bestuif het aanrecht en deeg met bloem. Rol het deeg uit tot circa 3 mm dik. Bekleed de vorm met het deeg, snijd het overtollige deeg van de rand weg en kneed het weer bij elkaar. Prik met een vork gaatjes in de bodem.

3 **Nachovulling:**
Maak de paprika's schoon en snijd ze in kleine blokjes. Meng met de maïskorrels, kidneybonen en het gehakt. Snijd de jalapeñopepers fijn en meng samen met de eieren door het gehakt. Breng op smaak met een beetje zout.

4 Bestrooi de taartbodem met paneermeel en verdeel de vulling over de vorm. Verdeel de nachochips over de vulling en druk ze stevig in het gehakt. Bestrooi met de geraspte kaas en bak de taart in circa 50 minuten goudbruin en gaar in de oven.

5 **Guacamole:**
Halveer de avocado, verwijder de pit en lepel het vruchtvlees eruit. Pel de knoflook en hak fijn. Pluk de korianderblaadjes en hak fijn. Halveer de limoen, pers het sap eruit boven de avocado. Voeg de zure room toe. Prak alle ingrediënten tot een guacamole. Breng op smaak met zout en peper. Serveer de guacamole bij de taart.

Kaas-uienslof

Rijk belegd en verslavend lekker.

Hoeveelheid: 2 stuks
Bereidingstijd: circa 20 minuten
Wachttijd: 30 minuten
Oventijd: 25 minuten

Moeilijkheidsgraad: *

Extra nodig: plasticfolie, bakpapier, deegroller

Ingrediënten

500 g bloem
60 g roomboter, op kamertemperatuur
1 theelepel honing
7 g gedroogde gist
265 ml water
12 g zout
4 uien
250 g gerapte kaas
bloem om te bestuiven

Bereidingswijze:

1 Maak een kuiltje in de bloem en meng daarin de boter, honing, gist en het water tot een papje. Strooi het zout over de rand. Voeg beetje bij beetje de bloem toe en kneed tot een soepel deeg. Bestrooi het deeg met bloem en laat het afgedekt in een kom circa 30 minuten rijzen.

2 Verwarm de oven voor op 180 °C. Bekleed een bakplaat met bakpapier. Pel de uien en snijd in halve ringen. Kneed het deeg nogmaals door en verdeel het in twee porties. Bestuif het aanrecht en deeg met bloem. Rol elke deegbol ovaal uit en leg ze op de bakplaat. Verdeel er uienringen en kaas over. Bak de sloffen in de oven in circa 25 minuten goudbruin en gaar.

Groenteroostaart

Deze hartige taart is een waar juweel. Hij is niet moeilijk om te maken, je hebt er wel wat geduld voor nodig. Het inleggen van de groenteplakjes moet zorgvuldig gebeuren.

Hoeveelheid: 1 taart
Bereidingstijd: circa 30 minuten
Wachttijd: 30 minuten
Oventijd: 35 minuten

Moeilijkheidsgraad: **

Extra nodig: plasticfolie, 1 springvorm van 20 cm doorsnede, deegroller, (kaas)schaaf, dunschiller of Chinese mandoline

Ingrediënten

Deeg
285 g bloem
140 g roomboter, op kamertemperatuur
130 g roomkaas
1½ eetlepel azijn
1 theelepel bakpoeder
5 theelepels koud water
mespuntje zout
boter om in te vetten
bloem om te bestuiven

Roomkaascrème
200 g roomkaas
2 eidooiers
4 takjes dragon
scheut olijfolie
zout
versgemalen peper

Vulling
1 flinke groene courgette
1 gele courgette*
2 dikke winterwortels
scheut olijfolie

* Gele courgette kun je van tevoren bij de groenteboer bestellen.

Bereidingswijze:

1 Deeg:
Kneed de bloem, boter, roomkaas, azijn, bakpoeder, het water en zout tot een soepel deeg en laat het deeg, ingepakt in plasticfolie, circa 30 minuten rusten in de koelkast.

2 Vet de springvorm in. Bestuif het aanrecht en deeg met bloem. Rol het deeg uit tot circa 3 mm dik. Bekleed de springvorm met het deeg, snijd het overtollige deeg van de rand weg. Prik met een vork gaatjes in de bodem.

3 Roomkaascrème:
Meng de roomkaas met de eidooiers. Pluk de dragonblaadjes, hak ze fijn en meng door de roomkaas. Voeg een scheut olijfolie toe tot er een spuitbare crème ontstaat. Breng op smaak met zout en peper. Schep een laag crème op de taartbodem.

4 Vulling:
Verwarm de oven voor op 180 °C. Was de courgettes. Schil de wortels. Schaaf de groente in dunne plakken. Gebruik hiervoor het liefst de Chinese mandoline, maar het kan ook met een (kaas)schaaf of dunschiller. Druk de groenteplakken op hun zijkant in de roomkaascrème. Werk van buiten naar binnen. Wissel de verschillende groenten af zodat er een soort roos ontstaat. Besprenkel de taart met olie en bak de taart in circa 35 minuten goudbruin en gaar.

Hoeveelheid: 1 taart
Bereidingstijd: circa 30 minuten
Wachttijd: 30 minuten
Oventijd: 50 minuten

Moeilijkheidsgraad: **

Extra nodig: plasticfolie, springvorm van 20 cm doorsnede, deegroller, keukenmachine

Ingrediënten

Deeg
1 eetlepel kurkuma
3 eetlepels koud water
285 g bloem
140 g koude roomboter
130 g roomkaas
1½ eetlepel azijn
1 theelepel bakpoeder
mespunt zout
boter om in te vetten
bloem om te bestuiven

Vulling
2 rode uien
2 teentjes knoflook
1 groene paprika
1 gele paprika
200 g witte kool
200 g rode kool
500 g kipfilet
1 eetlepel shoarmakruiden (als er zout toegevoegd is, dan maar 1 theelepel)
50 ml slagroom
1 ei
100 g couscous (ongekookt)
150 g geraspte kaas

Knoflooksaus
½ limoen
2 teentjes knoflook
100 g mayonaise
100 g Turkse yoghurt
3 takjes koriander

1 eidooier met een scheutje room om te bestrijken
1 theelepel sesamzaad

Shoarmataart

Deze hartige taart is bij mij thuis een regelrechte hit.

Bereidingswijze:

1 Deeg:
Los de kurkuma op in het water. Kneed de bloem, boter, roomkaas, azijn, bakpoeder, het watermengsel en zout tot een soepel deeg en laat het deeg, ingepakt in plasticfolie, circa 30 minuten rusten in de koelkast.

2 Vet de springvorm in. Bestuif het aanrecht en deeg met bloem. Rol het deeg uit tot circa 3 mm dik. Bekleed de springvorm met het deeg. Kneed het overige deeg bij elkaar en rol opnieuw uit tot een plak.

3 Vulling:
Pel de uien en snijd in ringen. Pel de knoflook en snijd fijn. Halveer de paprika's in de lengte, verwijder de zaadlijsten en snijd de paprika's in blokjes. Snijd de kool in dunne reepjes. Snijd de kip in stukjes en maal kort in een keukenmachine met de shoarmakruiden tot een grof gehakt. Spatel er de slagroom en het ei door.

4 Bestrooi de taartbodem met de ongekookte couscous, verdeel daarover de witte kool, de helft van het kipgehakt, de uiringen, paprikablokjes, rode kool, de rest van de kip en geraspte kaas. Leg de rest van het uitgerolde deeg op de vulling en druk de kanten goed in elkaar. Knip of snijd overlappend deeg weg. Bewaar de restjes voor de garnering. Snijd het deksel op enkele plaatsen in zodat de stoom kan ontsnappen, en versier de taart met de restjes deeg. Maak in het midden met een stekertje een gaatje. Maak er met extra deeg een 'plintje' omheen. Bestrijk het deeg met het mengsel van eidooier en room en bestrooi met het sesamzaad. Bak de taart in circa 50 minuten goudbruin en gaar.

5 Knoflooksaus:
Pers de limoen uit. Pel de knoflook, hak fijn en meng met de mayonaise en de Turkse yoghurt. Pluk de koriander, hak fijn en meng door de yoghurt. Breng op smaak met een beetje zout, peper en limoensap. Serveer de knoflooksaus bij de shoarmataart.

Tip

De couscous wordt gebruikt om het vocht uit de groenten op te nemen en zorgt ervoor dat de bodem krokant wordt. Je hoeft de couscous niet eerst te koken of stomen. Tijdens het bakken absorbeert de couscous al het vocht dat vrijkomt uit de groenten.

Kaasbrood

Dit is een fantastisch leuk recept om te maken en natuurlijk het belangrijkste: het is erg lekker! Serveer bij de borrel of bijvoorbeeld bij de barbecue. Genoeg voor zeker 8 personen.

Hoeveelheid: 1 slof
Bereidingstijd: circa 30 minuten
Wachttijd: 30 minuten
Oventijd: 20 minuten

Moeilijkheidsgraad: **

Extra nodig: plasticfolie, bakpapier, deegroller

Ingrediënten

Deeg
300 ml melk
12 g gedroogde gist
500 g bloem
mespuntje zout
4 eetlepels olijfolie
olie om in te vetten
bloem om te bestuiven
1 ei
Vulling
400 g gruyèrekaas
1 rode paprika
1 eetlepel gedroogde Italiaanse kruiden

Bereidingswijze:

1 **Deeg:**
Vet een kom licht in. Verwarm de melk tot lauwwarm en los de gist erin op. Maak een kuiltje in de bloem en strooi het zout over de rand van de bloem. Meng het gistmengsel en olijfolie in het kuiltje, roer beetje bij beetje de bloem erdoor en kneed tot een soepel deeg. Laat het deeg in de ingevette kom, afgedekt met plasticfolie, circa 30 minuten rijzen.

2 **Vulling:**
Rasp de gruyèrekaas als dat nog niet is gedaan. Halveer de paprika in de lengte, verwijder de zaadlijsten en snijd de paprika in blokjes. Meng de kaas, paprika en de Italiaanse kruiden door elkaar.

3 Verwarm de oven voor op 225 °C. Bekleed een bakplaat met bakpapier. Bestuif het aanrecht en deeg met bloem. Rol het deeg uit tot een plak van circa 40 bij 50 cm. Klop het ei los en bestrijk hiermee de deegplak. Beleg het deeg met de kaasvulling.

4 Rol het deeg op en leg de rol op de met bakpapier beklede bakplaat. Snijd de rol over de lengte in en trek de laagjes een beetje uit elkaar. Bak het brood in de oven in circa 20 minuten goudbruin en gaar. Snijd het brood in repen. Serveer koud of warm als borrelsnack.

Quiche met spek en prei

Deze quiche wordt ook wel Quiche Lorraine genoemd. Een traditioneel recept uit Frankrijk.

Hoeveelheid: 1 quiche
Bereidingstijd: circa 35 minuten
Wachttijd: 30 minuten
Oventijd: circa 35 minuten

Moeilijkheidsgraad: **

Extra nodig: plasticfolie, quichevorm van 25 cm doorsnede, deegroller

Ingrediënten

Deeg
150 g koude roomboter
300 g bloem
2 eieren
mespuntje zout
boter om in te vetten
bloem om te bestuiven

Vulling
1 prei
250 g spekblokjes
4 eieren
200 g crème fraîche
zout
versgemalen peper
nootmuskaat
2 lente-uitjes
100 g geraspte kaas

Bereidingswijze:

1 **Deeg:**
Snijd de boter in blokjes en kneed samen met de bloem, eieren en het zout tot een deeg. Laat het deeg ingepakt in plasticfolie circa 30 minuten rusten in de koelkast.

2 Verwarm de oven voor op 220 °C. Vet de quichevorm in. Bestuif het aanrecht en deeg met bloem. Rol het deeg uit, bekleed de ingevette quichevorm ermee en prik de bodem in met een vork.

3 **Vulling:**
Maak de prei schoon en snijd in ringetjes. Bak de spekblokjes in een koekenpan. Klop in een kom de eieren met de crème fraîche los. Breng op smaak met zout, peper en nootmuskaat. Was de lente-uitjes en snijd in ringetjes.

4 Verdeel de preiringetjes en spekblokjes over het deeg en bestrooi met de geraspte kaas en de lente-uitjes. Schenk het eimengsel erover. Bak de quiche in circa 35 minuten gaar en goudbruin in de oven.

Tip

Tip voor een lekkere variatie: in plaats van bladerdeeg kun je ook het heerlijke deeg gebruiken van de kipsatébroodjes (zie blz. 211). Dit deeg heeft een mooie bite die ook erg goed bij deze vulling past.

Bobottiflapjes

De bekende Zuid-Afrikaanse ovenschotel met gehakt, appel en specerijen, nu als snack om uit de hand te eten.

Hoeveelheid: 10 flapjes
Bereidingstijd: circa 35 minuten
Oventijd: 20 minuten

Moeilijkheidsgraad: *

Extra nodig: deegroller, kwast, bakpapier

Ingrediënten

Soezenbeslag
50 ml melk
50 ml water
50 g boter
50 g bloem
1 ei
Vulling
1 ui
1 teentje knoflook
1 tomaat
40 g abrikozen (eventueel uit blik)
1 appel
250 g rundergehakt
40 g abrikozenjam
1 theelepel kerriepoeder
40 g tomatensaus of ketchup
1 theelepel worcestersaus
zout
versgemalen peper

bloem om te bestuiven
10 plakjes bladerdeeg
1 ei om te bestrijken
20 g gehakte pinda's

Bereidingswijze:

1 **Soezenbeslag:**
Breng in een pan melk, water en boter aan de kook. Roer de bloem erdoor en gaar het mengsel circa 5 minuten. Schep het beslag in een kom en roer het ei erdoor.

2 **Vulling:**
Pel de ui en snipper. Pel de knoflook en snijd fijn. Snijd de tomaat en abrikozen in blokjes. Schil de appel, verwijder het klokhuis en snijd in blokjes. Meng de ui, knoflook, tomaat, abrikozen en appel met het gehakt. Breng op smaak met abrikozenjam, kerriepoeder, tomatensaus of ketchup, worcestersaus, zout en peper. Roer de helft van het soezenbeslag door het gehakt (de rest wordt niet gebruikt). Meng alles goed door elkaar.

3 Bestuif het aanrecht met bloem. Rol de plakjes bladerdeeg uit zodat ze net iets groter worden. Klop het ei los en bestrijk de randen van het deeg ermee.

4 Verwarm de oven voor op 180 °C. Bekleed een bakplaat met bakpapier. Verdeel de vulling over de deegvelletjes. Vouw het deeg dicht zodat er een flapje ontstaat, en druk de randjes dicht met een vork. Leg de flapjes op de met bakpapier beklede bakplaat, bestrijk de bovenkant met ei en bestrooi ze met de gehakte pinda's. Bak de bobottiflapjes in de oven in circa 20 minuten goudbruin en gaar.

Crawfishpie

Feestelijke pie, met een cajun gekruide vulling en met rivierkreeftjes.

Aantal personen: 1 taart
Bereidingstijd: circa 30 minuten
Wachttijd: 30 minuten
Oventijd: 40 minuten

Moeilijkheidsgraad: **

Extra nodig: plasticfolie, taartvorm van 24 cm doorsnede, deegroller

Ingrediënten

Piedeeg
285 g bloem
170 g koude roomboter
130 g roomkaas
3 eetlepels koud water
1½ eetlepel azijn
1 theelepel bakpoeder
mespunt zout
boter om in te vetten
bloem om te bestuiven
2 eidooiers met een scheutje room om te bestrijken

Vulling
1 ui
2 teentjes knoflook
1 groene paprika
3 stengels bleekselderij
300 ml slagroom
1 eetlepel roomboter
1 eetlepel cajunkruiden (als er zout toegevoegd is, neem je 1 theelepel)
½ bosje bladpeterselie
2 lente-uitjes
3 beschuiten
2 eidooiers
500 g rivierkreeftstaartjes

Bereidingswijze:

1 **Piedeeg:**
Kneed de bloem, boter, roomkaas, azijn, bakpoeder, het water, en zout tot een soepel deeg en laat het deeg ingepakt in plasticfolie circa 30 minuten rusten in de koelkast.

2 **Vulling:**
Pel en snipper de ui. Pel de knoflook en snijd fijn. Halveer de paprika in de lengte, verwijder de zaadlijsten en snijd de paprika in blokjes. Schil en snijd de bleekselderij in blokjes. Verhit de boter in een pan en fruit de ui, knoflook en cajunkruiden, voeg de paprika en bleekselderij toe en bak circa 4 minuten mee. Voeg de slagroom toe en laat circa 5 minuten op laag vuur inkoken.

3 Pluk de peterselieblaadjes en hak fijn. Snijd de lente-uien in ringen. Verkruimel het beschuit en voeg samen met de eidooiers toe aan de vulling. Roer goed door zodat deze dikker wordt. Roer de lente-ui erdoor. Haal de pan van het vuur en laat de vulling circa 5 minuten afkoelen. Voeg dan de rivierkreeftstaartjes en peterselie toe.

4 Vet de taartvorm in. Bestuif het aanrecht en deeg met bloem. Rol het deeg uit en bekleed de ingevette vorm ermee. Kneed het overige deeg bij elkaar en rol opnieuw uit tot een plak. Vul de taartvorm met de vulling en bestrijk de randen met het mengsel van eidooier en room. Leg de andere deegplak op de vulling en druk de kanten goed op elkaar. Knip of snijd overlappend deeg weg. Bewaar de restjes voor de garnering. Maak een mooie geschubde rand door het deeg om je vinger in te vouwen (zie de foto). Snijd het deksel op enkele plaatsen in zodat de stoom kan ontsnappen en versier de taart met de restjes deeg, bijvoorbeeld in de vorm van een rivierkreeftje. Bestrijk het deeg met het mengsel van eidooier en room. Bak de taart in 40 minuten goudbruin en gaar.

Torpedobrood

Goed gevuld stokbrood met pikante kip en barbecuesaus.

Hoeveelheid: 2 stokbroden
Bereidingstijd: circa 30 minuten
Oventijd: 10 minuten

Moeilijkheidsgraad: **

Extra nodig: bakpapier

Ingrediënten

BBQ-saus
1 rode peper
1 rode ui
1 teentje knoflook
scheutje olijfolie om in te bakken
1 theelepel gemalen komijn
80 ml balsamicoazijn
200 ml tomatenketchup
1 eetlepel bruine basterdsuiker
zout
versgemalen peper

2 volkoren baguettes
olie om te besprenkelen

Vulling
3 kipfilets
1 ui
1 lente-ui
1 rode paprika
2 stengels bleekselderij
scheutje olijfolie om in te bakken
1 theelepel cajunkruiden
50 g geraspte cheddarkaas

Bereidingswijze:

1 **BBQ-saus:**
Halveer de rode peper in de lengte, verwijder de zaadlijsten en snijd de peper in halve ringen. Pel en snipper de ui. Pel de knoflook en hak fijn. Verhit een scheutje olie in een pan en fruit de ui, rode peper en komijn circa 2 minuten. Voeg de balsamicoazijn, tomatenketchup en basterdsuiker toe en breng de saus aan de kook. Kook de saus op laag vuur circa 10 minuten en breng op smaak met een beetje zout en peper.

2 Verwarm de oven voor op 180 °C. Bekleed een bakplaat met bakpapier. Snijd over de lengte van elke baguette een wig uit. Snijd de wig in stukjes. Besprenkel de stukjes brood met olie en bak op de met bakpapier beklede bakplaat in circa 10 minuten goudbruin en krokant.

3 **Vulling:**
Snijd de kipfilet in stukjes. Pel de ui en snijd in ringen. Snijd de lente-ui fijn. Halveer de paprika in de lengte, verwijder de zaadlijsten en snijd de paprika in stukjes. Trek de draden van de bleekselderij en snijd de bleekselderij in blokjes. Verhit wat olie in een pan en bak de kip met de cajunkruiden om en om bruin. Voeg de gesneden groenten toe en bak tot de kip gaar is. Zet het vuur uit en roer de cheddar erdoor.

4 Verdeel de kip met groenten over de baguettes, schep de saus erover en verdeel daarover de krokant gebakken stukjes brood.

Hoeveelheid: 1 taart
Bereidingstijd: circa 45 minuten
Wachttijd: 30 minuten
Oventijd: 30 minuten

Moeilijkheidsgraad: **

Extra nodig: plasticfolie, springvorm van 25 cm doorsnede, deegroller, bakpapier, keukenmachine

Ingrediënten

Deeg
285 g bloem
140 g roomboter, op kamertemperatuur
130 g roomkaas
1½ eetlepel azijn
1 theelepel bakpoeder
5 theelepels koud water
mespuntje zout
boter om in te vetten
bloem om te bestuiven

Kip
5 kippendijen zonder bot
2 teentjes knoflook
1 rode peper
1 eetlepel gemberpoeder
1 eetlepel komijnpoeder
scheut olijfolie
zout
versgemalen peper

Saus
5 eetlepels arachideolie
250 g pinda's
2 teentjes knoflook
2 uien
1 eetlepel gula djawa (palmsuiker)
1 eetlepel gemberpoeder
1 eetlepel komijnpoeder
2 theelepels sambal oelek
4 eetlepels ketjap manis
300 ml melk

Vulling
1 groene paprika
2 lente-uitjes
120 g gekookte rijst
150 g taugé
1 ei, losgeklopt
eidooier met een scheutje room om te bestrijken

Satétaart

Een echte maaltijdtaart gevuld met kipsaté.

Bereidingswijze:

1 Deeg:
Kneed de bloem, boter, roomkaas, azijn, bakpoeder, het water en zout tot een soepel deeg en laat het deeg ingepakt in plasticfolie circa 30 minuten rusten in de koelkast.

2 Vet de springvorm in. Bestuif het aanrecht en deeg met bloem. Rol het deeg uit tot circa 3 mm dik. Bekleed de ingevette springvorm met het deeg en snijd het overtollige deeg van de rand weg. Prik met een vork gaatjes in de bodem. Kneed het overige deeg bij elkaar en rol opnieuw uit tot een plak.

3 Kip:
Verwarm de oven voor op 200 °C. Bekleed een bakplaat met bakpapier. Pel de knoflook en hak fijn. Halveer de rode peper in de lengte, verwijder de zaadjes en snijd de peper fijn. Leg de kippendijen op de met bakpapier beklede bakplaat en bestrooi ze met gemberpoeder en komijnpoeder en besprenkel met olie. Verdeel de gesneden knoflook en rode peper over de kip en breng op smaak met zout en peper. Bak de kippendijen in de oven in circa 25 minuten goudbruin en gaar. Laat de kip afkoelen en snijd in niet te grote blokjes.

4 Saus:
Verhit de olie in een pan en rooster de pinda's in circa 3 minuten goudbruin. Maal de pinda's in de keukenmachine tot een pasta. Pel de knoflook en snijd fijn. Pel de ui en snipper hem. Verbrokkel de gula djawa. Verhit een pan en fruit de knoflook en ui in een beetje olie. Voeg de gemalen pinda's, gemberpoeder, komijnpoeder, sambal, gula djawa en ketjap toe. Giet de melk erbij en breng al roerend aan de kook. Meng het kippenvlees door de saus.

5 Vulling:
Stel de verwarmde oven in op 180 °C. Halveer de paprika, verwijder de zaadlijsten en snijd de paprika in stukjes. Snijd de lente-uitjes in ringen. Verdeel de gekookte rijst over het deeg in de taartvorm en verdeel de taugé, paprika en lente-ui erover. Roer het ei, in de taartvorm, voorzichtig door de groente en verdeel de saus erover. Vouw de deegranden naar binnen en bestrijk de randen met het mengsel van eidooier en room. Leg de rest van het uitgerolde deeg op de vulling en druk de kanten goed in elkaar. Snijd het deksel op enkele plaatsen in zodat de stoom kan ontsnappen, en versier de taart met de restjes deeg. Bestrijk het deeg met het mengsel van eidooier en room. Bak de taart in 30 minuten goudbruin en gaar.

Hartige herfststrudel

Het maken van vers strudeldeeg is een leuke uitdaging die waarschijnlijk enige oefening vergt. Je kunt deze stap ook overslaan door filodeeg te gebruiken.

Hoeveelheid: 1 strudel
Bereidingstijd: circa 1 uur
Wachttijd: 30 minuten
Oventijd: 45 minuten

Moeilijkheidsgraad: ***

Extra nodig: plasticfolie, schoon laken, deegroller, bakpapier, kwast

Ingrediënten

Strudeldeeg
400 g bloem
20 ml zonnebloemolie
mespuntje zout
200 ml water
olie om te bestrijken

Vulling
150 g wit brood
100 g roomboter
500 g flespompoen
1 teentje knoflook
1 takje rozemarijn
2 takjes tijm
scheut olijfolie
325 g half-om-half gehakt
200 g pecannoten
2 theelepels komijnpoeder
zout
versgemalen peper

bloem om te bestuiven
150 g boter om mee te bestrijken
2 eetlepels maanzaad

Bereidingswijze:

1 **Strudeldeeg:**
Kneed de ingrediënten voor het deeg tot een soepele bal. Bestrijk de bal met olie en dek af met plasticfolie. Laat het deeg circa 30 minuten rusten.

2 **Vulling:**
Snijd de korstjes van het brood en snijd het brood in blokjes. Verhit de boter in een pan en bak de broodblokjes krokant en goudbruin. Schil de pompoen, verwijder de pitten en draden en snijd de pompoen in kleine blokjes.
Pel de knoflook en hak fijn. Ris de rozemarijn en tijm van de takjes en hak de blaadjes fijn. Meng de pompoen met de rozemarijn, tijm, een scheut olijfolie, het gehakt, de pecannoten en komijnpoeder.

3 Leg een schoon laken op een tafel. Bestrooi het laken met bloem en rol het deeg hier zo dun mogelijk op uit. Beweeg voorzichtig met de rug van beide handen, vanuit het midden naar de rand toe, onder het deeg. Trek het deeg op deze manier uit, zodat het deeg flinterdun wordt.

4 Verwarm de oven voor op 170 °C. Bekleed een bakplaat met bakpapier. Smelt de boter. Bestrijk het deeg met een deel van de gesmolten boter en bestrooi met zout en peper. Verdeel de broodblokjes in de breedte over het deeg. Verdeel de vulling over de broodblokjes. Rol met behulp van het laken de strudel op. Vouw de zijkanten van het deeg onder de deegrol. Bestrijk de bovenkant met de rest van de gesmolten boter en bestrooi met maanzaad. Leg de strudel op de met bakpapier beklede bakplaat. Bak de strudel in 45 minuten goudbruin en gaar.

Tip

In huishoudwinkels koop je voor
weinig geld al een eenvoudige elektrische wafelbakker.

Hot dog-chiliwafels

Qua fastfood de vinding van het afgelopen jaar!
Een hotdog, chili con carne en een wafel gecombineerd.
Dit moet je een keer geprobeerd hebben!

Hoeveelheid: 6 stuks
Bereidingstijd: circa 45 minuten
Oventijd: 10 minuten

Moeilijkheidsgraad: **

Extra nodig: wafelijzer, ijsknijper, grill, bakpapier

Ingrediënten

Wafels
½ bosje koriander
150 ml melk
3 g gedroogde gist
75 g boter, op kamertemperatuur
100 ml bruiswater
3 eieren
150 g bloem
1½ eetlepel zonnebloemolie
mespuntje zout

Chilitopping
1 rode ui
1 teentje knoflook
1 rode peper
1 rode paprika
scheutje zonnebloemolie
400 g rundergehakt
70 g tomatenpuree
100 g gepelde tomaten, blik
12 knakworstjes
100 g geraspte kaas
zout
versgemalen peper

Bereidingswijze:

1 **Wafels:**
Pluk de korianderblaadjes en snijd ze fijn. Verwarm de helft van de melk in een pan tot hij lauwwarm is en los de gist en de boter erin op. Meng het bruiswater en de eieren in een kom en roer goed door. Voeg de bloem toe en roer goed door met de garde. Meng de lauwe melk, korianderblaadjes, olie en het zout erdoor.

2 Verwarm het wafelijzer. Schep het beslag met een ijsknijper in het wafelijzer en bak zes wafels.

3 **Chilitopping:**
Verwarm de oven op 180 °C. Pel de ui en snipper hem fijn. Pel de knoflook en hak fijn. Halveer de peper in de lengte, verwijder de zaadjes en hak de peper fijn. Halveer de paprika in de lengte, verwijder de zaadlijsten en snijd de paprika in blokjes. Verhit een scheutje olie in de pan en bak het gehakt rul. Voeg de rode ui, knoflook, peper, paprikablokjes en tomatenpuree toe. Bak circa 2 minuten en voeg de gepelde tomaten toe. Kook de saus minimaal 15 minuten. Breng op smaak met een beetje zout en peper.

4 Verwarm de grill in de oven. Bekleed de bakplaat met bakpapier. Leg hierop de wafels. Leg op elke wafel 2 knakworsten en schep de chilitopping erover. Bestrooi met geraspte kaas. Gratineer de wafels goudbruin in circa 10 minuten in de oven.

Culinaire cadeautjes

Het allermooiste geschenk dat je iemand kunt geven is aandacht. Je geeft dan namelijk een beetje tijd en dat is feitelijk een stukje van jezelf. Maar als je ook iets tastbaars wilt geven, is het erg leuk om zelf iets te bakken of te maken. En dat hoeft dan echt niet moeilijk te zijn, want daar gaat het niet om. Zelfgebakken koekjes, mooi ingepakt, of een prachtige schaal met cupcakes zijn een leuk geschenk om te krijgen, en nog leuker om te geven!

Hoeveelheid: 4 stuks
Bereidingstijd: circa 1 uur
Oventijd: 2 uur

Moeilijkheidsgraad: **

Extra nodig: bakpapier, spuitzak met glad spuitmondje, 4 satéstokjes, 4 schone bloempotjes van circa 10 cm doorsnede, 4 cupcakepapiertjes, keukenmachine

Ingrediënten

Schuimbloemen
4 eiwitten
125 g suiker
125 g poedersuiker
10 g maïzena
1 theelepel rode bietenpoeder *
1 theelepel of mespuntje matchathee (Japanse groene-theepoeder)

* te koop bij natuurvoedingswinkels of via internet

Sinaasappel-gembercake
400 g suiker
400 g roomboter, op kamertemperatuur
8 eieren
400 g bloem
2 sinaasappels
4 cm verse gemberwortel
boter om in te vetten

Gembergroenten
4 stengels bleekselderij
1 bos worteltjes
4 cm verse gemberwortel

Aarde
200 g chocoladecake (zie recept chocolade-truffelcake, blz. 78)

Garnering
sinaasappeljam
verse kruiden, bijv. munt, of eetbare bloemetjes

Bereidingswijze:

1 **Schuimbloemen:**
Verwarm de oven voor op 80 °C. Bekleed een bakplaat met bakpapier. Klop de eiwitten met de suiker tot stijve pieken. Spatel de poedersuiker en de maïzena erdoor. Schep het schuim in een spuitzak met een gladde spuitmond. Leg de satéstokjes op de met bakpapier beklede bakplaat. Spuit zes blaadjes in een bloemmotief op de stokjes. Verdeel de rest van het schuim in twee kommen. Spatel door de ene helft bietenpoeder en door de andere helft matchathee. Spuit in het midden van de bloemen een rode kern. Spuit met het groene schuim blaadjes op de satéstokjes. Droog het schuim minstens 2 uur in de oven.

2 **Sinaasappel-gembercake:**
Verwarm de oven voor op 160 °C. Roer de suiker met de boter en de eieren los tot de suiker is opgelost. Voeg de bloem toe. Rasp de schil van een sinaasappel (alleen het oranje). Pers beide sinaasappels uit (gebruik het sinaasappelsap voor de gembergroenten). Schil en rasp de gemberwortel. Voeg het sinaasappelrasp en gemberwortelrasp toe aan het beslag. Vet de bloempotjes in met boter en leg op de bodem een cupcakepapiertje. Vul de bloempotjes drie kwart met het beslag. Bak de cakejes in 1 uur goudbruin en gaar in de oven.

3 **Gembergroenten:**
Haal eventuele draden van de bleekselderij en snijd in stukjes. Snijd de worteltjes tot een tonvorm (tourneren). Schil en rasp de gemberwortel. Breng het sinaasappelsap (zie hierboven) met de gemberrasp aan de kook. Kook hierin de worteltjes in circa 4 minuten en de stukjes bleekselderij in 2 minuten beetgaar. Voeg indien nodig een scheutje water toe. Laat de groenten in het kookvocht afkoelen.

4 **Aarde:**
Maal de cake tot poeder in een keukenmachine.

5 **Garnering:**
Bestrijk de cakejes met sinaasappeljam en doop ze vervolgens in de aardekruimels. Verdeel de zoete groenten over de aarde. Steek de meringuebloemen in het midden. Garneer de tuin met verse kruiden of bloemetjes.

Zoete groentetuin

Een supergezellig cadeautje waarmee je ieders hart verovert! Het idee is heel simpel: bak wat cakebeslag in een klein bloempotje, spuit gekleurd eiwitschuim op een satéprikker en laat dit in de oven drogen tot meringue. Steek de meringuebloem rechtop in het bloempotje en versier met nog wat extra's.

vanille
suiker

Vanillesuiker

Zo nu en dan geef ik een vriend of vriendin een pot huisgemaakte vanillesuiker cadeau. Dat is iets heel eenvoudigs en toch is het een gewaardeerd cadeau bij iedereen. Onder andere omdat het toch veel tijd en 'moeite' heeft gekost om al die leeggeschraapte vanillestokjes te bewaren en in een pot met suiker te doen. Ik gebruik vrij vaak vanillestokjes in mijn recepten. Deze vanillestokjes worden voor gebruik leeggeschraapt en het merg (waar het meeste aroma in zit) gaat dan in het recept. De lege stokjes gaan steeds in een pot gevuld met gewone suiker en na zo'n week of zes zit het aroma van de vanille heel mooi in de suiker. Je hebt dan perfect smakende echte vanillesuiker! Iets wat je op die manier nergens kunt kopen... en dat maakt het een bijzonder cadeautje!

Hartjes met een boodschap

(recept zie hoofdstuk Koek & koekjes, blz. 66)

Hoeveelheid: 1 reep
Bereidingstijd: circa 15 minuten
Wachttijd: 1 uur

Moeilijkheidsgraad: *

Extra nodig: bakpapier, cakevorm, plasticfolie, kookthermometer

Ingrediënten

40 g hazelnoten
40 g amandelen
2 eetlepels kokosrasp
50 g gedroogde abrikozen
200 g pure chocolade
20 g rozijnen
40 g gedroogde cranberry's
20 g pistachenoten

Bereidingswijze:

1 Verwarm de oven voor op 180 °C. Bekleed een bakplaat met bakpapier. Rooster de hazelnoten en de amandelen in de oven op de met bakpapier beklede bakplaat in circa 12 minuten goudbruin en laat ze afkoelen. Rooster de kokosrasp in een droge pan goudbruin. Snijd de gedroogde abrikozen in stukjes. Bekleed de cakevorm met bakpapier én plasticfolie.

2 Smelt de chocolade au bain-marie tot hij 26 °C is. (Hoe? Zie hoofdstuk Nuttige tips, werken met chocolade, blz. 16).

3 Meng de noten en rozijnen door de chocolade en giet uit in het beklede cakeblik. Tik het cakeblik enkele malen op het aanrecht zodat alle luchtbellen eruit zijn, en strooi de rest van de ingrediënten er naar eigen wens op. Laat de chocolade in circa 1 uur uitharden. Haal uit de vorm, verwijder bakpapier en folie en snijd in repen.

Luxe chocoladereep

Deze zelfgemaakte chocoladereep heb ik ingepakt in aluminiumfolie, zo is het net een echte reep. Vervolgens heeft een collega op de computer een etiket gemaakt en de wikkel uitgeprint. Dit zou natuurlijk ook met een mooie tekening kunnen. Als je er dan ook de naam op zet van degene voor wie je de reep hebt gemaakt, wordt het extra persoonlijk.

Chocoladehuis

Als je graag met chocolade werkt en je hebt een middagje de tijd, is het erg leuk om chocoladehuisjes te maken. Ik maak deze huisjes regelmatig in de decembermaand om, soms gevuld met koekjes of bonbons, als cadeautje weg te geven. Maar ze zijn vooral erg leuk om te maken en ze staan ook heel leuk onder de kerstboom, vooral als ze versierd zijn met sneeuw van eiwitschuim en poedersuiker. De combinatie van de geur van dennennaalden en bittere chocolade is verslavend lekker!

Voor een chocoladehuisje maak ik eerst een maquette van karton. Wat je nodig hebt: een bodem, een voorgevel en een achtergevel, twee zijwanden en twee dakdelen. Deze knip je uit karton. Vervolgens smelt en tempereer je de chocolade tot 31 °C. (Hoe? Zie hoofdstuk Nuttige tips, werken met chocolade, blz. 16). Nu strijk je de chocolade uit op een groot stuk bakpapier en wacht je even tot de chocolade gaat stollen. Bij goed getempereerde chocolade gebeurt dit binnen 15 minuten. Zo gauw de chocolade begint te stollen, leg je de uitgeknipte malletjes erop en snijd je met een mesje de vormen uit de chocolade.

Dan begint de constructie. Plak alles aan elkaar met overgebleven gesmolten (getempereerde) chocolade. Dit gaat het handigste met een klein spuitzakje (dit heet een 'cornetje'). Het is heel fraai om met het cornetje ook dakpannetjes te spuiten. Zo blijft straks de poedersuiker mooi liggen in het reliëf. Laat het huisje even staan zodat het stevig kan worden. Roer intussen poedersuiker met heel weinig water of eiwit aan, nu heb je sneeuwglazuur gemaakt. Spuit alle plooien en 'slordige' plakstukken over met sneeuwglazuur en bepoeder royaal met poedersuiker. Maak je geen zorgen dat je huisje niet meteen perfect is; oefening baart kunst en iedereen zal het om te snoepen vinden!

Koekmedailles

(recept zie hoofdstuk Koek & koekjes, blz. 64)

Hoeveelheid: 1 stuks
Bereidingstijd: circa 2 uur
Oventijd: 2 uur

Moeilijkheidsgraad: **

Extra nodig: bakvorm van 21 x 21 cm, bakpapier, deegroller

Ingrediënten

Biscuit
boter om in te vetten
50 g boter
4 eiwitten
100 g suiker
5 eidooiers
100 g bloem
1 snufje zout
Vulling
3 blaadjes gelatine
Kom met ruim water
200 g rood fruit uit de diepvries
250 ml slagroom
75 g suiker
Garnering
100 g pure chocolade
1 eetlepel rode bietenpoeder *
500 g witte marsepein
poedersuiker om te bestuiven
2 eetlepels abrikozenjam

* te koop bij natuurvoedingswinkels of via internet

Bereidingswijze:

1 **Biscuit:**
Verwarm de oven op 180 °C. Vet de bakvorm in en bekleed met bakpapier. Smelt de boter. Klop met de mixer de eiwitten en de helft van de suiker tot pieken. Klop met een garde de eidooiers met de rest van de suiker au bain-marie schuimig. Meng de eidooiers door het eiwit en spatel de bloem, zout en boter erdoor. Schenk het beslag in de beklede bakvorm en bak het biscuit in de oven in circa 45 minuten goudbruin en gaar. Laat de het biscuit afkoelen en snijd in vier vierkanten van 10x10 centimeter.

2 **Vulling:**
Week de gelatine in koud water. Verwarm het rood fruit in een pannetje op het vuur, tot er een beetje vocht uitkomt. Knijp de gelatine uit, los op bij het rood fruit en laat afkoelen. Schep een beetje rood fruit op het biscuit. Klop de slagroom met de suiker en schep over het rood fruit. Houd een beetje geslagen room achter om de taart aan de buitenkant te bestrijken. Bouw de taart in laagjes op tot alle plakken biscuit op zijn. Bestrijk de boven- en zijkanten met de slagroom.

3 **Garnering:**
Smelt de chocolade au bain-marie en schep in een cornetje. Meng het bietenpoeder met een scheutje water en kneed door een derde van de marsepein tot deze egaal rood gekleurd is.

4 Bestuif het aanrecht en deegroller met poedersuiker. Rol de rest van de marsepein uit tot een dunne plak. Bekleed de taart met de witte marsepein, snijd de te lange randen af en vouw de rest onder de taart. Rol afsnijdsels van de marsepein opnieuw dun uit en snijd er een reislabel uit, waar later de naam opgespoten wordt.

5 Rol de gekleurde marsepein uit tot een lange dunne plak. Snijd strakke banen van 2 centimeter breed en leg twee banen kruislings over de witte marsepein. Vouw de randjes onder de taart. Kneed de rest van de gekleurde marsepein bij elkaar en rol opnieuw uit tot een lange baan. Maak hiervan een strik. Leg het reislabel op de taart en schrijf er met de gesmolten chocolade een naam op. Spuit met de chocolade een koordje van het label. Verwarm de abrikozenjam en bestrijk de taart ermee tot deze mooi glanzend is.

Cadeautaartje

Een taartje wordt pas echt een cadeautje als het eruit ziet als een cadeautje. Mijn inspiratie voor dit cadeautaartje kwam via Lolsmurf: de guitige smurf die rondloopt met een wit of geel vierkant pakje met rode strik waarmee hij iedereen voor de gek houdt. Dit cadeautje ontploft echter niet in je gezicht, maar laat je lekker genieten van een heerlijk taartje dat leuk is om te delen!

Desserts

Rudolph's burgemeesters

Chocoladecakejes zonder bloem, dus glutenvrij, met daarop een fruitige chocolade-frambozenmousse onder een donker chocoladeglazuur.

Hoeveelheid: 12 stuks
Bereidingstijd: circa 1 uur
Wachttijd: 1 uur
Oventijd: 12 minuten

Moeilijkheidsgraad: **

Extra nodig: bakpapier, spuitzakken, vriezer, kookthermometer

Ingrediënten

Chocoladebiscuit (zonder bloem)
125 g pure chocolade 70%, fijngehakt
4 eiwitten
40 g suiker
30 g roomboter
1 eidooier

Chocolade-frambozenmousse
1 eiwit
90 g suiker
50 ml water
100 g pure chocolade, fijngehakt
100 ml frambozenpuree
25 g roomboter
200 ml slagroom

Glazuur
100 ml melk
100 ml slagroom
50 g suiker
30 g roomboter
300 g pure chocolade, fijngehakt

Garnering
100 g pure chocolade, fijngehakt
1 velletje bladgoud

Bereidingswijze:

1 **Chocoladebiscuit:**
Verwarm de oven voor op 190 °C. Bekleed een bakplaat met bakpapier. Smelt de chocolade au bain-marie. Klop de eiwitten met de suiker tot stijve pieken. Roer de boter en de eidooier door de warme chocolade. Spatel een lepel eiwit door het chocolademengsel. Dit wordt ook wel 'familie maken' genoemd – eerst wennen aan elkaar. Schenk dan het chocolademengsel bij de rest van het eiwit en spatel rustig door.

2 Schenk het beslag in een spuitzak. Spuit grote doppen (circa 6 cm doorsnede) op de met bakpapier beklede bakplaat en bak ze in de oven in circa 12 minuten gaar. Laat het chocoladebiscuit afkoelen.

3 **Chocolade-frambozenmousse:**
Klop het eiwit met 1 eetlepel suiker schuimig. Breng water en de rest van suiker aan de kook en kook circa 2 minuten door (tot 121 °C). Schenk de suikersiroop bij het eiwit en klop tot het eiwit lauwwarm is.

4 Smelt de chocolade au bain-marie. Breng de frambozenpuree aan de kook en roer, van het vuur af, de gesmolten chocolade en de roomboter erdoor.

5 Klop de slagroom stijf. Meng een eetlepel eiwitschuim door het frambozenmengsel en roer voorzichtig door (weer 'familie maken'). Spatel de rest van het eiwit door het frambozenmengsel en spatel de room erdoor. Schep de mousse in een spuitzak en spuit grote doppen op het chocoladebiscuit. Zet ze in de vriezer en vries ze aan.

6 **Glazuur:**
Breng melk, slagroom, suiker en roomboter aan de kook. Haal de pan van het vuur en los de chocolade erin op. Dompel de bevroren moussebiscuits in het glazuur.

7 **Garnering:**
Smelt de chocolade au bain-marie en schenk de chocolade in een kleine spuitzak. Garneer de burgemeesters met een spiraal van chocolade en een beetje bladgoud. Laat licht ontdooien voor het serveren.

Tiramisu

Zelfgemaakte lange vingers met luchtige mascarponecrème, koffie en cacao.

Hoeveelheid: 1 schaal
Bereidingstijd: circa 40 minuten
Wachttijd: minimaal 3 uur *
Oventijd: 15 minuten

Moeilijkheidsgraad: **

Extra nodig: bakpapier, spuitzak, glad spuitmondje, ovenschaal

Ingrediënten

Lange vingers
3 eieren
90 g suiker
10 g custardpoeder (of maïzena)
80 g bloem
2 eetlepels suiker om te bestrooien

Tiramisu
3 eiwitten
150 g suiker
3 eidooiers
400 g mascarpone
50 ml amandellikeur
175 ml koude koffie
200 g lange vingers (zie boven)
200 g pure chocolade
cacaopoeder om te bestuiven

Bereidingswijze:

1 **Lange vingers:**
Verwarm de oven voor op 180 °C. Bekleed een bakplaat met bakpapier. Splits de eieren en klop het eiwit met de helft van de suiker tot stijve pieken. Klop de eidooiers met de resterende suiker schuimig. Meng de custardpoeder met de bloem. Spatel het eiwit door de eidooiers en zeef de custardbloem erboven. Roer goed door en schep het beslag in een spuitzak met glad spuitmondje. Spuit lange vingers op de met bakpapier beklede bakplaat. Bestrooi ze met de extra suiker en bak ze circa 15 minuten in de oven. Laat ze afkoelen.

2 **Tiramisu:**
Klop de eiwitten met de helft van de suiker tot stijve pieken. Klop de eidooiers met de resterende suiker schuimig. Roer de mascarpone los en meng de eidooiers erdoor. Spatel het eiwit erdoor. Meng de amandellikeur met de koffie.

3 Bedek de bodem van een ovenschaal met een deel van de lange vingers en kwast ze in met het koffie-likeurmengsel. Verdeel de helft van het mascarponemengsel erover en rasp er chocolade op. Leg er nog een laag lange vingers op, rasp er chocolade over en lepel de rest van het mascarponemengsel erover. Strijk de bovenkant glad en laat de tiramisu minimaal 3 uur opstijven in de koelkast. Bestuif voor het serveren met cacaopoeder.

* In dit recept zitten rauwe eiwitten. Let hierop bij het serveren voor jonge kinderen, ouderen en zwangere dames.

EGGS

Chocopavlova met straciatella en peer

De pavlova is een dessert ter ere van de beroemde balletdanseres Anna Pavlola. Licht en luchtig als een ballerina, met een zachte kern.

Hoeveelheid: 1 taart
Bereidingstijd: circa 45 minuten
Oventijd: 1 uur en 30 minuten

Moeilijkheidsgraad: **

Extra nodig: bakpapier, kookthermometer

Ingrediënten

Chocoladeschotsen
100 g pure chocolade
Chocopavlova
40 g walnoten
6 eiwitten
300 g suiker
1 eetlepel azijn
2 theelepels maïzena
30 g cacaopoeder
Straciatellaroom
100 g pure chocolade
400 ml slagroom
75 g suiker
Garnering
3 eetlepels abrikozenjam
1 eetlepel water
2 peren
extra cacaopoeder om te bestuiven

Bereidingswijze:

1 **Chocoladeschotsen:**
Smelt de chocolade au bain-marie tot 31 °C (zie voor meer uitleg hierover het hoofdstuk Nuttige tips, werken met chocolade, blz. 16). Strijk de chocolade dun uit op een vel bakpapier en laat op een koele plaats hard worden. Breek de chocolade daarna in schotsen.

2 **Chocopavlova:**
Verwarm de oven voor op 180 °C. Rooster de walnoten in de oven in circa 12 minuten goudbruin. Laat de noten afkoelen en hak ze grof.

3 Verlaag de oventemperatuur naar 120 °C. Bekleed een bakplaat met bakpapier. Mix in een kom de eiwitten stijf. Voeg beetje bij beetje twee derde van de suiker toe. Mix de azijn, maïzena en cacaopoeder erdoor. Spatel voorzichtig de rest van de suiker erdoor. Schep het schuim in de vorm van een cirkel op de met bakpapier beklede bakplaat. Laat het schuim circa 1 uur en 30 minuten in de oven drogen.

4 **Straciatellaroom:**
Rasp de chocolade. Klop de slagroom stijf met de suiker en meng de chocolade erdoor.

5 **Garnering:**
Breng de abrikozenjam met het water aan de kook en laat afkoelen. Schil de peren en snijd in parten, verwijder het klokhuis en leg de partjes in de abrikozenjam. Schep de straciatellaroom op de pavlova. Haal met een vork de peren uit de abrikozenjam, laat uitlekken en schik de partjes op de pavlova. Verdeel de chocoladeschotsen over de pavlova, bestrooi met geroosterde walnoten en bestuif met cacaopoeder.

Pavlova tropical

Bros vanbuiten en als een marshmallow vanbinnen.
Bedekt met kokosroom en exotisch fruit.

Hoeveelheid: 1 taart
Bereidingstijd: circa 30 minuten
Oventijd: 1 uur en 30 minuten

Moeilijkheidsgraad: **

Extra nodig: bakpapier

Ingrediënten

Eiwitschuim
6 eiwitten
300 g suiker
1 theelepel azijn
1 theelepel maïzena
1 theelepel kerriepoeder
Kokosroom
300 ml room
100 ml kokosmelk
75 g suiker
Garnering
½ mango
½ ananas
1 kiwi
6 aardbeien
8 physalis (Kaapse kruisbes)
25 g kokosrasp

Bereidingswijze:

1 Eiwitschuim:
Verwarm de oven voor op 120 °C. Bekleed een bakplaat met bakpapier. Klop in een kom de eiwitten stijf. Voeg beetje bij beetje drie vierde van de suiker toe. Mix de azijn, maïzena en kerrie erdoor. Spatel voorzichtig de rest van de suiker erdoor. Schep het schuim op de met bakpapier beklede bakplaat in de vorm van de kom waarin je de taart straks serveert. Laat het schuim circa 1 uur en 30 minuten in de oven drogen. Leg het schuim op een schaal en laat afkoelen.

2 Kokosroom:
Klop de slagroom stijf met de kokosmelk en suiker. Schep de kokosroom op de pavlova.

3 Garnering:
Maak het fruit schoon, schil indien nodig en snijd in plakjes of stukjes, net hoe je wilt. Rooster in een droge pan de kokosrasp in circa 4 minuten goudbruin. Garneer de pavlova met het fruit en bestrooi met kokosrasp.

Annabels crumblecake met rood fruit

De Nieuw-Zeelandse Annabel Langbein maakte dit voortreffelijke landelijke dessert bij mij in de Bakery.

Hoeveelheid: 1 taart
Bereidingstijd: 30 minuten
Oventijd: 50 minuten

Moeilijkheidsgraad: *

Extra nodig: ovenvaste aardewerken schaal of een springvorm

Ingrediënten

Crumbledeeg
65 g roomboter
75 g bloem
40 g amandelpoeder
75 g bruine suiker
50 g havermout
2 theelepels speculaaskruiden
40 g amandelschaafsel

Cake
boter om in te vetten
140 g roomboter, op kamertemperatuur
225 g suiker
1 vanillestokje
2 eieren
175 ml yoghurt
300 g bloem
3 theelepels bakpoeder
225 g rood fruit

Bereidingswijze:

1 Crumbledeeg:
Smelt de boter. Meng de bloem, amandelpoeder, suiker, havermout, speculaaskruiden en het amandelschaafsel door elkaar en roer de boter erdoor.

2 Cake:
Verwarm de oven voor op 180 °C. Vet de schaal of vorm in. Klop de boter met de suiker luchtig. Halveer het vanillestokje in de lengte en schraap het merg eruit. Meng de eieren en het vanillemerg door de geklopte boter en roer goed door. Klop de yoghurt erdoor. Meng de bloem met de bakpoeder en spatel door het beslag.

3 Schep het beslag in de ingevette schaal en verdeel het rood fruit en het crumbledeeg erover. Bak de cake in circa 50 minuten goudbruin en gaar.

Parijse flensjes

Dit recept leerde ik al maken op de koksschool toen ik twaalf jaar was. Vooral in mijn puberjaren was dit mijn favoriete dessert.

Hoeveelheid: 6 flensjes
Bereidingstijd: circa 1 uur
Wachttijd: 15 minuten

Moeilijkheidsgraad: **

Extra nodig: plasticfolie, spuitzak, gekarteld spuitmondje, gasbrander, kookthermometer

Ingrediënten

Flensjesbeslag
25 g roomboter
100 g bloem
250 ml melk
1 ei
10 g poedersuiker
olie of boter om flensjes in te bakken

Banketbakkersroom
250 ml melk
1 vanillestokje
2 eidooiers
50 g suiker
1 eetlepel bloem
100 g bitterkoekjes (zie hoofdstuk Koek & koekjes, blz. 40)
1 banaan

Eiwitschuim
3 eetlepels water
125 g suiker
3 eiwitten

Bereidingswijze:

1 **Flensjesbeslag:**
Smelt de boter. Meng de bloem door de melk en roer de gesmolten boter, het ei en de poedersuiker erdoor. Laat het beslag minimaal 15 minuten rusten. Verhit een scheutje olie in een pan met antiaanbaklaag en bak zes flensjes van het beslag.

2 **Banketbakkersroom:**
Breng de melk aan de kook. Halveer het vanillestokje in de lengte en schraap het merg eruit. Voeg het vanillemerg toe aan de melk. Bewaar voor zelfgemaakte vanillesuiker het stokje in een pot met suiker (zie hoofdstuk Culinaire cadeautjes, blz. 247). Zet het vuur lager, laat de melk 5 minuten zachtjes trekken en roer af en toe rustig door. Klop intussen de eidooiers met de suiker tot een crème. Voeg de bloem toe en giet de hete melk al roerende bij het eimengsel. Schenk terug in de pan en laat de bakkersroom nog 5 minuten op laag vuur zachtjes koken. Blijf roeren. Giet dan op een plat bord of schaal, dek af met plasticfolie en laat afkoelen. Het afdekken is om het afkoelen te versnellen en velvorming tegen te gaan.

3 Hak de bitterkoekjes fijn. Pel de banaan en snijd in stukjes. Meng de koekjes en de banaan met de banketbakkersroom.

4 **Eiwitschuim:**
Breng het water met de suiker aan de kook en kook tot 121 °C. Klop de eiwitten stijf en schenk de suikersiroop erbij. Klop tot het eiwitschuim goed is afgekoeld en schep het schuim in een spuitzak met gekarteld spuitmondje.

5 Bestrijk elk flensje met banketbakkersoom, rol ze op en leg ze dicht tegen elkaar aan op een schaal. Spuit een spiraal van eiwitschuim op de flensjes en rooster het schuim licht met een gasbrandertje.

Bitterkoekjespudding

Klassiek dessert dat nog steeds van deze tijd is.

Hoeveelheid: 1 pudding voor 6 tot 8 personen
Bereidingstijd: circa 45 minuten
Wachttijd: 2 uur

Moeilijkheidsgraad: **

Extra nodig: puddingvorm of dessertcoupes, spuitzak, gekarteld spuitmondje

Ingrediënten

Bitterkoekjespudding
200 g bitterkoekjes (zie hoofdstuk Koek & koekjes, blz. 40)
100 ml amandellikeur
5 blaadjes gelatine
kom met koud water
1 vanillestokje
500 ml melk
50 g amandelspijs
3 eidooiers
300 ml slagroom
75 g suiker
Garnering
200 ml slagroom
50 g suiker
8 bitterkoekjes voor de garnering

Bereidingswijze:

1 **Bitterkoekjespudding:**
Hak de bitterkoekjes fijn en laat ze in de amandellikeur weken. Week de gelatine in koud water. Halveer het vanillestokje in de lengte en schraap het merg eruit. Breng in een pan de melk met het vanillemerg en de amandelspijs aan de kook.

2 Roer de eidooiers los, schenk er een beetje warme melk bij en roer goed door. Schenk het eimengsel bij de warme melk en bind op laag vuur zonder te koken.

3 Los de uitgeknepen gelatine op in de vanillemelk en laat afkoelen tot het begint te stollen. Klop de slagroom met de suiker tot yoghurtdikte. Spatel de gestolde vanillemelk en de geweekte bitterkoekjes erdoor. Schep de pudding in coupes of in een puddingvorm. Laat minstens 2 uur opstijven in de koelkast.

4 **Garnering:**
Klop de slagroom met de suiker stijf en schep in een spuitzak met gekarteld spuitmondje. Versier de pudding met toefjes slagroom en bitterkoekjes.

Broodpudding met whiskysaus

Verrassend lekker en heel eenvoudig te maken.
Een ideaal recept om restjes brood op te maken.

Hoeveelheid: 1 grote pudding of 6-8 kleintjes
Bereidingstijd: circa 35 minuten
Oventijd: circa 1 uur (afhankelijk van de maat)

Moeilijkheidsgraad: *

Extra nodig: 1 grote ovenschaal, meerdere kleine ovenschaaltjes of een cupcaketray

Ingrediënten

Broodpudding
boter om in te vetten
50 g boter
1 stokbrood, minimaal 1-2 dagen oud (groot formaat)
500 ml melk
250 g suiker
1 zakje vanillesuiker
40 g kokosrasp
1 ei

Whiskysaus
100 g boter
100 g poedersuiker
2 eidooiers
50 ml whisky

Bereidingswijze:

1 **Broodpudding:**
Verwarm de oven voor op 170 °C. Vet de ovenschaal(tjes) in. Smelt de boter. Breek het stokbrood in stukken. Meng het brood met de melk, suiker, vanillesuiker, kokosrasp, gesmolten boter en het ei. Meng door elkaar tot een smeuïge massa. Verdeel het mengsel in de ingevette ovenschaal of cupcaketray en bak circa 1 uur goudbruin.

2 **Whiskysaus:**
Smelt de boter met de poedersuiker al roerend in een pan. Meng de eidooiers met de whisky en voeg al roerend toe aan het botermengsel. Laat de saus binden, maar niet koken. Serveer de saus over de warme pudding.

Zwanensoezen

Schattig nagerecht dat ik ooit eens in een Duits kookboek heb gezien toen ik nog heel jong was.

Hoeveelheid: 10 stuks
Bereidingstijd: circa 1 uur
Oventijd: 30 minuten

Moeilijkheidsgraad: **

Extra nodig: 2 bakplaten, bakpapier, 2 spuitzakken, gekarteld spuitmondje, kleine gladde spuitmond

Ingrediënten

Soezenbeslag (voor tips zie het hoofdstuk EHBBO, blz. 257)
100 ml melk
100 ml water
100 g boter
100 g bloem
4 eieren

Frambozensaus
500 g frambozenpuree
100 g suiker
3 eetlepels water

Garnering
200 ml slagroom
2 eetlepels suiker
10 bollen vanille-ijs
blaadjes munt

Bereidingswijze:

1 **Soezenbeslag:**
Breng de melk, het water en de boter in een pan aan de kook. Haal van het vuur en meng de bloem er met een spatel door tot er een bal ontstaat. Zet de pan weer op het vuur en verwarm al roerend tot er vet uit het deeg komt.

2 Haal de pan van het vuur en schep het beslag in een kom. Roer de eieren er stuk voor stuk door tot er een glad beslag ontstaat. Verdeel het beslag over beide spuitzakken.

3 Verwarm de oven voor op 210 °C. Bekleed 2 bakplaten met bakpapier. Spuit met de gekartelde spuit tien streepjes van 10 cm (dit zijn de lijfjes) en met de kleine gladde spuit tien keer het cijfer 2 (dit zijn de zwanenhalsjes) op de met bakpapier beklede bakplaten.

4 Bak de lijfjes in circa 30 minuten en de zwanenhalzen in circa 10 minuten goudbruin en gaar. Zet de oven uit en laat de soezen, zonder de oven te openen, afkoelen in de oven.

5 **Frambozensaus:**
Breng de frambozenpuree met suiker en water aan de kook. Kook even door en pureer tot een gladde saus.

6 **Garnering:**
Klop de slagroom met de suiker stijf en schep in een spuitzak met gekarteld spuitmondje. Schenk voor elk zwaantje wat van de frambozensaus in een diep bord.

7 Snijd de streepsoezen in de lengte door. Schep voor elk zwaantje een bol ijs en zet deze op de onderkant, bespuit met slagroom en zet daar de twee helften van het lijfje tegen, zodat er een soort vleugels ontstaan. Zet de 2-vorm in het midden van de bol ijs, dat is de hals en kop van de zwaan. Plak vast met wat slagroom. Zet het zwaantje in de saus en dan heb je een zwanenmeer. Garneer met wat blaadjes munt.

Chocolade lava-cakes

Een van de meest geliefde nagerechten ter wereld. Warme chocoladecakejes à la minute gebakken en waarvan de binnenkant nog heerlijk zacht en vloeibaar is.

Hoeveelheid: 10 stuks
Bereidingstijd: circa 25 minuten
Oventijd: 13 minuten

Moeilijkheidsgraad: *

Extra nodig: 10 timbaalvormpjes, spuitzak

Ingrediënten

Beslag
boter om in te vetten
5 eidooiers
5 eieren
125 g suiker
250 g chocolade
250 g roomboter
50 g bloem
Garnering
100 ml slagroom
25 g suiker
rode bessen

Bereidingswijze:

1 Verwarm de oven voor op 170 °C. Vet de vormpjes van onder naar boven in met boter.

2 **Beslag:**
Klop de eidooiers, eieren en suiker schuimig. Smelt de chocolade au bain-marie en los de boter erin op. Roer de warme chocolade door het eimengsel en spatel de bloem erdoor. Schenk het beslag in een spuitzak en vul de vormpjes ermee. Bak de cakejes circa 13 minuten in de oven.

3 **Garnering:**
Klop de slagroom met suiker lobbig. Haal de cakejes uit de vormpjes en serveer de slagroom en rode bessen erbij.

Tip

Serveer de cakeje direct als ze uit de oven komen. Zo blijft de binnenkant zacht en vloeibaar, anders garen ze door en zal de binnenkant stollen. Hoewel ze dan niet minder lekker zijn!

Hemelse modder met sinaasappelsaus

Chocolade en sinaasappel zijn een 'match made in heaven'.
Dus daarom als extra bij de chocolademousse een heerlijke rijke sinaasappelsaus.

Hoeveelheid: 1 flinke schaal voor circa 8 tot 12 personen
Bereidingstijd: circa 45 minuten
Wachttijd: 2 uur

Moeilijkheidsgraad: **

Extra nodig: glazen schaal, dik plasticfolie (bijv. insteekmapje)

Ingrediënten

Hemelse modder
400 g pure chocolade
20 g roomboter
2 eieren
30 g suiker
800 ml slagroom
30 ml sinaasappellikeur
4 takjes munt
Sinaasappelsaus
1 vanillestokje
250 ml sinaasappelsap
75 g suiker
4 eidooiers
Chocoladedecoratie
200 g witte chocolade

Bereidingswijze:

1 **Hemelse modder:**
Smelt de chocolade au bain-marie, meng de roomboter erdoor en laat afkoelen tot hij lauwwarm is. Splits de eieren en meng de eidooiers door het chocolademengsel. Klop de eiwitten met de suiker tot stijve pieken. Klop de slagroom yoghurtdik. Spatel het eiwit door het chocolademengsel. Spatel de room en de likeur erdoor en schep in een mooie schaal. Laat de hemelse modder minstens 2 uur opstijven in de koelkast.

2 **Sinaasappelsaus:**
Halveer het vanillestokje in de lengte en schraap het merg eruit. Breng in een pan het sinaasappelsap, vanillemerg en de helft van de suiker aan de kook. Roer de eidooiers los met de rest van de suiker. Schenk er een beetje warm sinaasappelsap bij en roer goed door. Schenk het eimengsel bij het sinaasappelsap en bind op laag vuur zonder te koken.

3 **Chocoladedecoratie:**
Smelt de chocolade au bain-marie tot 31 °C (zie voor meer uitleg hierover het hoofdstuk Nuttige tips, werken met chocolade, blz. 16). Bekleed een bakplaat met dik plasticfolie, bakpapier of aluminiumfolie. Hoe gladder hoe beter. Schep een lepel van de gesmolten chocolade op het folie en strijk met je pink de chocolade uit in een bloem of waaiervorm. Laat de chocolade uitharden op een koele plaats.

4 Serveer de hemelse modder in de schaal en schenk de sinaasappelsaus erover. Garneer met de chocoladebloemen.

Dessertpizza

Een heel tof dessert om zo op tafel te zetten.
Mes ernaast en iedereen kan zelf zijn portie afsnijden.

Hoeveelheid: 1 pizza
Bereidingstijd: circa 30 minuten
Wachttijd: 30 minuten
Oventijd: 20 minuten

Moeilijkheidsgraad: **

Extra nodig: plasticfolie, bakpapier, deegroller

Ingrediënten

Pizzadeeg
200 g bloem
30 g roomboter, op kamertemperatuur
7 g gedroogde gist
100 ml melk
2 eetlepels suiker
1 eidooier
mespuntje zout

Amandelbanketbakkersroom
125 ml melk
1 vanillestokje
1 eidooier
35 g suiker
1 eetlepel bloem
200 g amandelspijs
bloem om te bestuiven

Topping
200 g ananas
1 mango
1 appel
2 plakjes cake
50 g witte marshmallows
2 theelepels rietsuiker
50 g bosbessen (mag ook uit de diepvries)
1 reep witte chocolade
2 takjes munt

Bereidingswijze:

1 Pizzadeeg:
Meng voor het pizzadeeg de bloem, boter, gist, melk, suiker, eidooier en het zout. Kneed dit tot een soepel deeg. Laat het deeg in een kom afgedekt met plasticfolie circa 30 minuten rijzen.

2 Amandelbanketbakkersroom:
Breng de melk aan de kook. Halveer het vanillestokje in de lengte en schraap het merg eruit. Voeg het vanillemerg toe aan de melk. Bewaar voor zelfgemaakte vanillesuiker het stokje in een pot met suiker (zie hoofdstuk het Culinaire cadeautjes, blz. 247). Zet het vuur lager, laat de melk 5 minuten zachtjes trekken en roer af en toe rustig door. Klop intussen de eidooier met de suiker tot een crème. Voeg de bloem toe en giet de hete melk al roerende bij het eimengsel. Schenk terug in de pan en laat de bakkersroom nog 5 minuten op laag vuur zachtjes koken. Blijf roeren. Meng het amandelspijs met de banketbakkersroom tot een gladde vulling. Giet dan op een plat bord of schaal, dek af met plasticfolie en laat afkoelen. Het afdekken is om het afkoelen te versnellen en velvorming tegen te gaan.

3 Topping:
Snijd de ananas in stukjes. Schil de mango en de appel, verwijder pit en klokhuis en snijd het vruchtvlees in blokjes. Snijd de cake in blokjes.

4 Verwarm de oven voor op 190 °C. Bekleed een bakplaat met bakpapier. Bestuif het aanrecht en deeg met bloem. Rol het deeg uit tot een grote cirkel en leg op de bakplaat. Verdeel de amandelbanketbakkersroom erover.

5 Verdeel het fruit en de cakeblokjes samen met de marshmallows over de pizza. Bestrooi met de rietsuiker en de bosbessen. Bak de dessertpizza in circa 20 minuten gaar. Rasp voor het serveren witte chocolade over de pizza en garneer met de munt.

Appelpizza

Een appeltaart, maar dan plat als een pizza.
Heerlijk om uit de hand te snoepen, als dessert of in kleine puntjes bij de koffie.

Hoeveelheid: 1 pizza
Bereidingstijd: circa 45 minuten
Wachttijd: 30 minuten
Oventijd: 25 minuten

Moeilijkheidsgraad: **

Extra nodig: plasticfolie, bakpapier, deegroller, kwast

Ingrediënten

Pizzadeeg
140 g bloem
70 g koude roomboter
65 g roomkaas
1 eetlepel azijn
½ theelepel bakpoeder
1½ eetlepel koud water
mespunt zout
bloem om te bestuiven

Amandelbanketbakkersroom
125 ml melk
1 vanillestokje
35 g suiker
1 eidooier
1 eetlepel bloem
200 g amandelspijs

Vulling
60 g rozijnen
kommetje heet water
50 ml rum
40 g pijnboompitten
40 g pistachenoten
2 appels
poedersuiker om te bestuiven

Bereidingswijze:

1 **Pizzadeeg:**
Kneed de bloem, boter, roomkaas, azijn, bakpoeder, het water en zout tot een soepel deeg en laat het deeg, ingepakt in plasticfolie, circa 30 minuten rusten in de koelkast.

2 **Amandelbanketbakkersroom:**
Breng de melk aan de kook. Halveer het vanillestokje in de lengte en schraap het merg eruit. Voeg het vanillemerg toe aan de melk. Bewaar voor zelfgemaakte vanillesuiker het stokje in een pot met suiker (zie hoofdstuk Culinaire cadeautjes, blz. 247). Zet het vuur lager, laat de melk 5 minuten zachtjes trekken en roer af en toe rustig door. Klop intussen de eidooier met de suiker tot een crème. Voeg de bloem toe en giet de hete melk al roerende bij het eimengsel. Schenk terug in de pan en laat de bakkersroom nog 5 minuten op laag vuur zachtjes koken. Blijf roeren. Meng het amandelspijs met de banketbakkersroom tot een gladde vulling. Giet dan op een plat bord of schaal, dek af met plasticfolie en laat afkoelen. Het afdekken is om het afkoelen te versnellen en velvorming tegen te gaan.

3 Verwarm de oven voor op 180 °C. Bekleed een bakplaat met bakpapier. Bestuif het aanrecht en deeg met bloem. Rol het deeg uit tot een dunne ronde lap van circa 35 cm. Leg de lap op de met bakpapier beklede bakplaat. Bestrijk de deegrand met water en vouw de rand, met duim en wijsvinger, kartelvormig om.

4 **Vulling:**
Wel de rozijnen circa 5 minuten in heet water. Laat ze uitlekken en meng met de rum.

5 Bestrijk de pizza met een laagje amandelbanketbakkersroom en verdeel de gewelde rozijnen, pijnboompitten en pistachenootjes erover. Snijd de appels met schil in dunne reepjes en verdeel ze over de pizza. Bak de pizza in de oven in circa 25 minuten goudbruin en gaar en bestuif met poedersuiker.

Zoete frietjes

Leuk om uit te delen en uit de hand te snoepen.

Hoeveelheid: 8 personen
Bereidingstijd: circa 1 uur
Oventijd: 1 uur

Moeilijkheidsgraad: **

Extra nodig: vierkante vorm van 21 x 21 cm, bakpapier, kwast

Ingrediënten

Frietjes
250 g roomboter, op kamertemperatuur
250 g suiker
250 g bloem
5 eieren
1 citroen
1 vanillestokje
boter om in te vetten

Topping
100 ml melk
1 ei
1 eidooier
90 g suiker

Zoete mayonaise
250 ml melk
1 vanillestokje
50 g suiker
2 eidooiers
1 eetlepel bloem
100 ml slagroom

Bereidingswijze:

1 **Frietjes:**
Verwarm de oven voor op 175 °C. Roer de boter luchtig met de suiker en meng de bloem erdoor. Roer er een voor een de eieren door. Rasp de citroenschil (alleen het geel). Halveer het vanillestokje in de lengte en schraap het merg eruit. Roer het vanillemerg en de citroenrasp door het beslag.

2 Vet de bakvorm in en bekleed met bakpapier. Giet het beslag erin en bak de cake in circa 45 minuten gaar. Haal de cake uit de vorm. Laat afkoelen. Bekleed een bakplaat met bakpapier. Snijd de cake in frietjes van 10 x 1,5 cm en leg ze naast elkaar op de met bakpapier beklede bakplaat.

3 **Topping:**
Meng melk, ei, eidooier en suiker door elkaar. Bestrijk de frietjes met dit mengsel en bak de frietjes in de oven in circa 15 minuten goudbruin en krokant.

4 **Zoete mayonaise:**
Breng de melk aan de kook. Halveer het vanillestokje in de lengte en schraap het merg eruit. Voeg het vanillemerg toe aan de melk. Bewaar voor zelfgemaakte vanillesuiker het stokje in een pot met suiker (zie hoofdstuk Culinaire cadeautjes, blz. 247). Zet het vuur lager, laat de melk 5 minuten zachtjes trekken en roer af en toe rustig door. Klop intussen de eidooiers met de suiker tot een crème. Voeg de bloem toe en giet de hete melk al roerende bij het eimengsel. Schenk terug in de pan en laat de bakkersroom nog 5 minuten op laag vuur zachtjes koken. Blijf roeren. Giet dan op een plat bord of schaal, dek af met plasticfolie en laat afkoelen. Het afdekken is om het afkoelen te versnellen en velvorming tegen te gaan.

5 Klop de slagroom tot yoghurtdikte. Spatel de room door de banketbakkersroom.

6 Serveer de frietjes in een puntzak en schep er een lepel zoete mayonaise op.

Apfelstrudel

Dit origineel Weense recept leerde ik maken van Konditor Meister Leopold Forsthofer. De techniek om met beide onderarmen het deeg verticaal dun uit te trekken vergt natuurlijk enige oefening, maar is erg leuk om te doen.

Hoeveelheid: 1 flinke apfelstrudel voor circa 10-12 personen
Bereidingstijd: circa 1 uur en 30 minuten
Wachttijd: 30 minuten
Oventijd: 40 minuten

Moeilijkheidsgraad: **

Extra nodig: plasticfolie, keukenpapier, schoon laken, deegroller

Ingrediënten

Deeg
400 g bloem
20 ml zonnebloemolie
mespuntje zout
200 ml water
Appelvulling
200 ml rum
100 g rozijnen
1200 g zure appels
60 g walnoten
1 citroen
100 g suiker
1 theelepel kaneelpoeder
150 g roomboter
Broodkruim
150 g witte boterhammen
100 g roomboter
10 g suiker
10 g vanillesuiker
bloem om te bestuiven
poedersuiker om te bestuiven

Bereidingswijze:

1 **Deeg:**
Kneed de ingrediënten voor het deeg tot een soepele bal. Bestrijk de bal met olie en dek af met plasticfolie. Laat het deeg minstens 30 minuten rusten in de koelkast.

2 **Appelvulling:**
Verwarm de rum in een pannetje, wel hierin de rozijnen circa 10 minuten en giet ze af. Schil de appels, verwijder de klokhuizen en snijd de appels in partjes. Hak de walnoten. Pers de citroen uit. Meng de appelstukjes, suiker, gewelde rozijnen, kaneelpoeder en het citroensap door elkaar. Smelt de roomboter.

3 **Broodkruim:**
Snijd de korstjes van de boterhammen en snijd de boterhammen in kleine blokjes. Smelt de roomboter in een pan tot het uitgebruist is. Voeg suiker, vanillesuiker en broodblokjes toe en bak tot het brood goudbruin is. Laat het brood uitlekken op keukenpapier.

4 **Strudel:**
Leg een schoon laken op tafel. Bestrooi het laken met bloem en rol het deeg hierop zo dun mogelijk uit. Steek voorzichtig de rug van beide handen onder het deeg en beweeg vanuit het midden naar de rand. Trek het deeg op deze manier over de tafel uit zodat het flinterdun wordt.

5 Verwarm de oven voor op 190 °C. Bekleed een bakplaat met bakpapier. Leg aan een kant van het deeg in een baan het broodkruim en daarop de appelvulling. Bestrijk met boter. Rol de strudel op met behulp van het laken en leg hem op de met bakpapier beklede bakplaat. Bestrijk de strudel met de rest van de gesmolten boter en bak de strudel in circa 40 minuten goudbruin en gaar. Bestuif met poedersuiker en serveer de strudel warm.

Omelette Sibérienne

IJs verpakt in cake en eiwitschuim uit de oven. Warm vanbuiten, ijskoud vanbinnen. Een bijzondere traktatie. Parfait is een heerlijke ijssoort die je vrij makkelijk zelf kunt maken zonder ijsmachine. Je hebt alleen een vriesvak nodig.

Hoeveelheid: 1 omelet (voor circa 8 personen)
Bereidingstijd: circa 1 uur
Wachttijd: 3 uur
Oventijd: 5 minuten

Moeilijkheidsgraad: **

Extra nodig: cakevorm, plasticfolie, mixer, vriezer, kookthermometer, spuitzak met gekarteld spuitmondje, ovale vuurvaste schaal

Ingrediënten

Parfait
350 ml slagroom
3 eidooiers
100 g suiker
1 vanillestokje
125 ml melk
100 g nougatinemix (supermarkt, of zelfgemaakt, zie hoofdstuk Nuttige tips, werken met karamel, blz. 19)
Italiaans schuim
100 ml water
250 g suiker
6 eiwitten
Garnering
kristalsuiker om te bestrooien
seizoensfruit

1 cake (zelfgemaakt of kant-en-klaar)

Bereidingswijze:

1 **Parfait:**
Bekleed de cakevorm met plasticfolie. Klop de slagroom tot yoghurtdikte en zet hem in de koelkast. Mix de eidooiers met de helft van de suiker luchtig. Halveer het vanillestokje in de lengte en schraap het merg eruit. Breng de melk met het vanillestokje, vanillemerg en de resterende suiker aan de kook. Verwijder het vanillestokje en schenk de melk bij de geklopte eidooiers. Roer het mengsel op laag vuur in 2 minuten gaar. Niet laten koken, er mogen wel kleine 'blopjes' op komen. Haal de pan van het vuur en klop het mengsel met de mixer tot het is afgekoeld. Spatel de geklopte slagroom en de nougatinemix erdoor. Schenk de massa in de met folie beklede cakevorm. Zet de vorm minimaal 3 uur in de vriezer. Het is waarschijnlijk het handigst dit een dag van tevoren te maken.

2 **Italiaans schuim:**
Breng water en suiker aan de kook en kook tot 121 °C. Klop intussen de eiwitten stijf in een vetvrije kom. Giet de kokende suikersiroop langzaam bij het eiwitschuim en klop met de mixer tot het schuim is afgekoeld. Schep het schuim in een spuitzak met gekarteld spuitmondje.

3 Verwarm de oven op 220 °C. Snijd de cake over de lengte in plakken. Beleg de bodem van een ovale vuurvaste schaal met plakken cake. Haal de parfait uit de vorm en zet hem op de cakeplakjes. Bekleed de parfait met de overige cakeplakjes. Spuit het eiwitschuim decoratief langs de randen en bestrooi eventueel lichtjes met kristalsuiker voor wat extra schittering. Bak de Omelette Sibérienne circa 5 minuten in de oven tot het eiwit goudbruin gekaramelliseerd is. Garneer de taart met seizoensfruit.

Tip

Het fijne van dit dessert is, dat het nog zeker een halfuurtje op tafel kan blijven staan zonder te smelten. De cake zorgt voor een goede isolatie van het ijs.

Crème caramel

Vanillepudding in de oven bereid, met een lichte karamelsiroop.

Hoeveelheid: 8 puddinkjes
Bereidingstijd: circa 30 minuten
Oventijd: 1 uur

Moeilijkheidsgraad: **

Extra nodig: timbaaltjes, ovenschaal

Ingrediënten

Karamel
250 g suiker
125 ml water
boter om in te vetten
2 eetlepels suiker om te bestrooien
Crème caramel
1 vanillestokje
250 ml slagroom
75 g suiker
2 eieren
2 eidooiers

Bereidingswijze:

1 **Karamel:**
Karamelliseer de suiker in een pan (zie hoofdstuk Nuttige tips, werken met karamel, blz. 19). Blus af met het water en laat koken tot de karamel opgelost is. Laat de karamelsaus afkoelen. Vet de timbaaltjes in met boter en bestrooi de binnenkant met suiker. Schenk er een laagje karamelsaus in en laat de saus afkoelen en opstijven.

2 **Crème caramel:**
Verwarm de oven voor op 160 °C. Halveer het vanillestokje in de lengte en schraap het merg eruit. Breng in een pan de slagroom met het vanillemerg en de helft van de suiker aan de kook. Roer in een andere kom de eieren en de eidooiers los met de rest van de suiker. Roer de room door het eimengsel en vul de timbaaltjes met de crème.

3 Zet de timbaaltjes in de ovenschaal en schenk er water bij zodat ze voor meer dan de helft van hun hoogte in het water staan. Gaar de crème caramel circa 1 uur au bain-marie in de oven. Haal de crème uit de oven en de timbaaltjes uit het water. Laat ze afkoelen en draai ze vlak voor serveren om op dessertbordjes.

Hoeveelheid: 1 trifle voor circa 20 personen
Bereidingstijd: circa 45 minuten
Wachttijd: 2 uur
Oventijd: 25 minuten

Moeilijkheidsgraad: **

Extra nodig: spuitzak, glad spuitmondje, bakpapier, hoge brede glazen, satéprikkers of lollystokjes, cornet

Ingrediënten

Roomkaasmousse
4 blaadjes gelatine
kom met ruim koud water
500 ml slagroom
5 eetlepels poedersuiker
500 g zachte roomkaas op kamertemperatuur
1 citroen

Karamelsaus
225 g suiker
150 g slagroom
100 g boter
mespuntje zeezout

Perzikencompote
4 perziken, in het seizoen vers, anders uit blik
20 g roomboter
1 vanillestokje
2 eetlepels honing
2 eetlepels abrikozenjam

Havermoutkruimels
300 g bloem
150 g havermout
200 g suiker
340 g roomboter

Karamellolly's
150 g suiker

Vulling en decoratie
200 g melkchocolade
1 doosje physalis (Kaapse kruisbes)
1 carambola
6 pruimen
3 perziken
½ watermeloen

Karamel-cheesecaketrifle

Een feestelijk dessert voor verjaardagfeestjes of een dinerparty. Iedereen krijgt een lekker stuk met een karamellolly als versiering.

Bereidingswijze:

1 **Roomkaasmousse:**
Week de gelatine in koud water. Klop de slagroom met de poedersuiker tot yoghurtdikte. Los de gelatine op in een pannetje met wat aanhangend vocht. Meng in een kom de zachte roomkaas en spatel er de geslagen room door. Laat de mousse circa 2 uur opstijven. Roer de mousse door en schep in een spuitzak met gladde spuitmond.

2 **Karamelsaus:**
Karamelliseer de suiker en voeg voorzichtig de slagroom toe. Breng aan de kook en roer tot de karamel opgelost is. Haal de pan van het vuur en roer de boter en het zout erdoor. Laat de karamelsaus afkoelen.

3 **Perzikencompote:**
Halveer de perziken, verwijder de pit en snijd het vruchtvlees in grove blokjes. Verhit de boter in een steelpan en bak de perzikblokjes circa 1 minuut rondom aan. Voeg de abrikozenjam toe. Halveer het vanillestokje in de lengte, schraap het merg eruit en voeg beide met de honing toe. Laat nog circa 5 minuten zachtjes koken tot de perziken zacht zijn. Verwijder voor gebruik het stokje.

4 **Havermoutkruimels:**
Verwarm de oven voor op 180 °C. Bekleed een bakplaat met bakpapier. Meng bloem, havermout, suiker met boter en wrijf met beide handen tot er kruimels ontstaan. Verdeel de kruimels op de bakplaat en bak in circa 25 minuten goudbruin. Schep halverwege de baktijd de kruimels om. Laat de kruimels afkoelen.

5 **Karamellolly's:**
Karamelliseer de suiker en giet dopjes uit (ter grootte van een chocoladeflik) op een vel bakpapier. Trek met een satéprikker lijntjes van binnen naar buiten, zodat er een soort zonnetje ontstaat. Leg een lollystokje of prikker op de karamel. Laat de lolly's opstijven.

6 **Vulling en decoratie:**
Smelt de chocolade au bain-marie en schep in een cornetje. Maak het fruit schoon en snijd in stukken. Spuit de chocolade in een *swirl* (slingervorm) aan de binnenkant van het glas. Bouw de trifle op: begin met de roomkaasmousse en wissel af met de vruchten, perzikencompote, havermoutkruimels en karamelsaus. Garneer met de vruchten en karamelsaus. Steek in elk glas een lolly.

Warme bananenpudding met karamelsaus

Een stoelriemen vast nagerecht.

Hoeveelheid: 4 stuks
Bereidingstijd: circa 30 minuten
Stoomtijd: 15 minuten

Moeilijkheidsgraad: **

Extra nodig: 4 puddingvormpjes, staafmixer met het kleine staafmixerbakje, plasticfolie, stoommandje, keukenpapier, spuitzak, gekartelde spuitmond

Ingrediënten

Bananenpudding
1 grote banaan
1 vanillestokje
60 g crème fraîche of zure room
70 g roomboter
75 g suiker
2 theelepels bakpoeder
1 ei
100 g bloem
boter om in te vetten

Karamelsaus
150 g suiker
2 eetlepels water
30 g stroop
45 g roomboter
20 ml cognac
75 ml slagroom

Garnering
1 onrijpe bakbanaan
150 ml slagroom
35 g vanillesuiker
4 takjes munt
olie om in te frituren
poedersuiker om te bestuiven

Bereidingswijze:

1 Bananenpudding:
Vet de puddingvormpjes in met boter. Pel de banaan en snijd deze in plakjes. Halveer het vanillestokje in de lengte en schraap het merg eruit. Pureer de banaan met de crème fraîche en het vanillemerg. Roer in een kom de boter met de suiker, bakpoeder en het ei luchtig. Voeg de bananenpuree en de bloem toe en meng goed door. Verdeel het beslag over de ingevette vormpjes en dek ze af met plasticfolie. Stoom ze in circa 15 minuten in een stoommandje gaar.

2 Karamelsaus:
Kook de suiker, het water en de stroop tot een karamel (zie hoofdstuk Nuttige tips, werken met karamel, blz. 19). Los de boter erin op. Voeg de cognac en de slagroom toe aan de karamel. Kook tot een gladde saus en serveer rondom de bananenpudding.

3 Garnering:
Verhit de olie tot circa 180 °C. Pel de banaan en snijd deze met een dunschiller in dunne repen. Frituur ze circa 1 minuut tot ze goudbruin en krokant zijn en laat uitlekken op keukenpapier. Klop de slagroom met de vanillesuiker op en schep in een spuitzak met een gekartelde spuitmond. Spuit een rozet room bij de warme bananenpudding en steek de bananenchips erin. Bestuif met een beetje poedersuiker en garneer met een takje munt.

Tip

Dit is een ideaal recept om voor te bereiden. Zo hoef je tijdens een dinertje alleen nog maar de puddinkjes te stomen!

Stroopwafelscheptaart

Smakelijk Hollands in één schep.

Hoeveelheid: 1 taart
Bereidingstijd: circa 45 minuten
Oventijd: 25 minuten
Wachttijd: 2 uur

Moeilijkheidsgraad: **

Extra nodig: bakpapier, stenen taart(pie)schaal

Ingrediënten

Kruimels
150 g bloem
100 g suiker
180 g roomboter
5 stroopwafels

Gebakken peren
3 peren
100 g roomboter
75 g bruine suiker
1 scheut bruine rum
100 ml slagroom

Stroopwafelmousse
8 g gelatine
500 ml slagroom
130 g suiker
5 stroopwafels
250 ml melk
250 g roomkaas
poedersuiker om te bestuiven

Bereidingswijze:

1 Kruimels:
Verwarm de oven voor op 180 °C. Bekleed een bakplaat met bakpapier. Meng de bloem met de suiker en de boter en wrijf met beide handen tot er kruimels ontstaan. Verdeel de kruimels op de met bakpapier beklede bakplaat en bak deze in circa 25 minuten goudbruin. Laat de kruimels afkoelen. Hak de stroopwafels fijn en meng ze door de kruimels.

2 Gebakken peren:
Schil de peren. Snijd de peren in vieren, verwijder de klokhuizen en snijd de kwarten in blokjes. Verhit de boter in een pan met de bruine suiker, voeg de peren toe en bak in circa 4 minuten goudbruin. Blus af met een scheut rum en voeg de room toe. Laat tot de helft inkoken. Verdeel de peren en het kookvocht in de taartschaal en laat afkoelen.

3 Stroopwafelmousse:
Week de gelatine in koud water. Klop de slagroom met de suiker tot yoghurtdikte. Hak de stroopwafels fijn. Verwarm de melk met de stroopwafels in een pan en laat circa 10 minuten op laag vuur trekken. Knijp de gelatine uit en los op in de hete stroopwafelmelk. Meng de stroopwafelmelk met de roomkaas, laat op een kom met ijswater afkoelen tot handwarm en spatel de opgeslagen slagroom erdoor. Giet de mousse over de gebakken peren en laat de taart circa 2 uur opstijven in de koelkast.

4 Garneren:
Verdeel de kruimels over de stroopwafelmousse en bestuif de taart met poedersuiker.

Rainbow Rudy... A feel good story...

He had visions bright and clear of his life to be; cakes and pastries he would bake, and the world would see! While he worked away with sand, pleasant as it is, lack of colour made him feel, something amiss. Then one day, above the sea, a rainbow spanned the sky, Rudy looked, was stupefied... became a different guy.

It seemed as if his life till then, happened in a daze, colour made a dazzling change, set his witts ablaze. From now on he dreamed of cakes, purple, pink or green, how to get to such results, remained to be seen. Now the paintshops drew him near, life became a quest; bright new colours were his zeal, he would never rest.

So his friends soon got to see, Rudy every day in a different mix of hues, it became his way. Not just shirts, or pants, or socks, showed his colour taste, even shoes, his specs, his hair... not a thing laid waste. So in the grey and boring world, Rudy knew for sure that his life-long task would be, to break people's bore.
4

Like a rainbow after storms,
he brought smiles and joy, and his cakes and pies and stuff, they were good... oh boy! They were nothing like one knew, never seen before, and to taste a tiny spoon, made you ask for more. Rich and creamy, full of nuts, marzipan or fruit, secret flavours, wondrous smells, they were more than good.
5

And the colours of his cakes,
dazzling, bright and gay, brought a joyful touch, oh yes, to each boring day. Now an adult, Rudy likes, to fly around the globe, look for colours, taste new foods, while always high his hope; maybe some day, in some far land, rainbows will appear, that show new shades, unknown colours, you may hear him cheer!
6

Making of Rudolph's Bakery

A.J. Vink

Chocola

Chocola, wie doet je na?
Wie kan 't net zo goed?
Bij ochtendgloor of avondrood
aan dis of tussendoor
kom jij weer steeds beloftes na
en geeft jouw warme gloed
voldoening zo oneindig groot,
jouw smaak gaat nooit teloor.

Bakers

Bakers are a busy breed
up about from crack of dawn,
daily bread is what we need,
but when all that bread is gone
they have dreams of ovens baking
rich concoctions, yet unknown,
dazzling pastries in the making
nothing like a bun or scone.

Yes, they too like fame and glory,
creating cakes without a flaw.
It's a well-known human story
hope to leave the world in awe.

through the ages they created
flans, beignets, and tarte tatin,
and we loved it when we ate it
and will do so time again.
Now we hope to stimulate them
even higher to the top,
and will eagerly awaite then,
new sensations without stop.

For who knows what we may witness
in the near or distant days,
talents lurking in the darkness,
maybe unknown 'Escoffiers'.

Flavours are like notes of music,
when well used they lift you up;
symphonies of sweet and bitter,
taste the music, drink this cup.
Applestrudel is like Mozart,
bits of Schubert, even Liszt!
Crispy dough, you taste the butter,
melting apples, baker's feast!
Rhapsodies that leave you dazzled,
flavours made in outer space!
Is this food or is it music?
Close my eyes, it's purple haze!

Fantasy Island

After dinners rich with lobsters,
roasted duck or pommes gratins,
what I dream seems most amazing,
and those dreams return again.

Always in them I'm a traveller,
stepping down from any plane,
and the vista's then unfolding
are peculiar, most insane.

Beaches clear and everlasting
sands of sugar white and pure,
flowers, plants, all very tasty,
chocolate rivers, I assure!

It's an island, I am certain
full of people working hard.
Some are cooking, others baking,
dressed in white, all very smart.

They invite me, then surprise me,
show me kitchens at full steam,
and the food all looks so gorgeous,
but you know, it's just a dream.

Then I wake, I feel inspired,
so excited, let me go!
I must start a new creation,
and my fantasy will flow...

When it comes to tasting pastries,
it's your eyes that bring it on;
juices in your mouth start flowing,
after that, you come undone.
All resistance leaves your body;
now desire's in control!
Let it go! Now just surrender,
thousand flavours find their goal!

Snoeperijen

Slagroomtruffels

Makkelijk om te maken en 100% succes.

Hoeveelheid: 20 stuks
Bereidingstijd: circa 45 minuten
Wachttijd: 1 uur

Moeilijkheidsgraad: ⋆

Extra nodig: bakplaatje of platte schaal, vriezer, plasticfolie, spuitzak, glad spuitmondje, cocktailprikkers

Ingrediënten

125 g roomboter, op kamertemperatuur
125 g poedersuiker
75 ml slagroom
1 eetlepel vanillesuiker
200 g pure chocolade
100 g cacaopoeder

Bereidingswijze:

1 Bekleed een bakplaatje of platte schaal die in de vriezer past met plasticfolie.

2 Roer de zachte boter, poedersuiker, slagroom en vanillesuiker romig. Schep de vulling in een spuitzak met glad spuitmondje en spuit bolletjes op het met folie beklede bakplaatje.

3 Steek er cocktailprikkers in. Zet de bolletjes minimaal 1 uur in de vriezer.

4 Smelt de chocolade au bain-marie. Strooi de cacaopoeder in een diep bord.

5 Dompel de bevroren bolletjes in de warme chocolade en wentel ze door het cacaopoeder. Haal voor het serveren de prikkers eruit.

Canadese karamel-ahornsiroop petitfours

Minigebakjes van chocolade en karamel met een speciaal ingrediënt: echte Canadese ahornsiroop. Deze siroop is gewoon te koop in de supermarkt. Geef iets meer geld uit en koop de echte natuurlijke ahornsiroop. Fabriekssiroop is totaal anders van smaak.

Hoeveelheid: 30 stuks
Bereidingstijd: circa 1 uur
Oventijd: 35 minuten
Wachttijd: 1 uur

Moeilijkheidsgraad: **

Extra nodig: vierkante bakvorm van 21 x 21 cm, bakpapier

Ingrediënten

Bodem
boter om in te vetten
120 g roomboter
80 g bruine basterdsuiker
25 g kokosrasp
110 g bloem
Karamel-ahornsiroop
60 g boter
90 g ahornsiroop
600 ml gecondenseerde melk (uit blik)
Chocoladegelei
3 blaadjes gelatine
kom ruim koud water
80 g suiker
185 ml water
65 g cacaopoeder
20 g pure chocolade

Bereidingswijze:

1 **Bodem:**
Verwarm de oven voor op 170 °C. Vet de bakvorm in en bekleed hem met bakpapier. Smelt de boter en meng de suiker, kokosrasp en bloem erdoor. Strijk het beslag uit op de bodem. Bak de bodem in circa 20 minuten goudbruin en gaar in de oven. Laat de bodem afkoelen. Laat de oven op 170 °C staan.

2 **Karamel-ahornsiroop:**
Breng boter, ahornsiroop en gecondenseerde melk al roerende met een garde aan de kook en kook op laag vuur circa 10 minuten tot het een lichte karamelkleur heeft. Blijf goed roeren want het brandt snel aan. Schenk de karamel op de gebakken bodem en bak circa 15 minuten in de al warme oven. Laat in circa 30 minuten afkoelen.

3 **Chocoladegelei:**
Week de gelatine in koud water. Breng suiker met water en cacaopoeder aan de kook en kook circa 4 minuten door. Haal de pan van het vuur en los de gelatine en de chocolade erin op. Schenk de chocoladegelei op de taart en laat de taart in de koelkast minimaal 1 uur opstijven.

4 Snijd de taart met een warm nat mes in vierkantjes van circa 3 x 3 cm.

Bakkersballen

De ideale verwerking van 'oude' koek of cakerestjes.
In Zwitserland zijn ze heel populair en worden ze 'Punchkugeln' genoemd.

Hoeveelheid: 12 stuks
Bereidingstijd: circa 20 minuten
Wachttijd: 30 minuten

Moeilijkheidsgraad: *

Extra nodig: keukenmachine, ijsknijper

Ingrediënten

750 g koek of cake
100 ml rum
circa 5 eetlepels abrikozenjam
300 g pure chocolade
200 g hagelslag

Bereidingswijze:

1 Maal de koek of cake fijn in de keukenmachine. Voeg de rum en zoveel abrikozenjam toe tot er mooie bollen gemaakt kunnen worden. Schep met een ijsknijper bollen van de puree.

2 Smelt de chocolade au bain-marie. Prik de bollen aan een vork en dompel ze in de warme chocolade. Laat ze uitlekken en rol ze vervolgens door de hagelslag. Laat ze opstijven in de koelkast.

Tip

In de banketbakkerij gebruikt de bakker alles wat er overblijft om deze ballen te maken:
dat kunnen koekjes, stukjes cake of afsnijdsels zijn. De naam is dus met recht 'bakkersballen'.
Als je dit voor kinderen wilt maken, laat je de rum gewoon weg.

McRudolphjes

Macarons gepresenteerd als hamburgertjes.

Hoeveelheid: 17 stuks
Bereidingstijd: circa 30 minuten
Wachttijd: 3 uur
Oventijd: 8 minuten

Moeilijkheidsgraad: **

Extra nodig: bakpapier, twee spuitzakken, twee gladde spuitmondjes, kookthermometer

Ingrediënten

Macarons
40 ml water
150 g suiker
3 eiwitten, waarvan 1 apart gehouden
150 g amandelpoeder
150 g poedersuiker
1 theelepel cacaopoeder
2 eetlepels sesamzaad

Ganache
265 g pure chocolade
200 ml room
50 g roomboter

Garnituur
1 à 2 rijpe mango's
5 takjes munt
2 eetlepels frambozenjam
poedersuiker om te bestuiven

Bereidingswijze:

1 Macarons:
Bekleed een bakplaat met bakpapier. Kook in een pan het water met de suiker tot 118 °C. Klop in een kom 1 eiwit stijf en schenk in een dun straaltje de warme suikersiroop erbij. Klop in circa 10 minuten koud.

2 Meng in een andere kom amandelpoeder, de overige 2 eiwitten, poedersuiker en cacaopoeder door elkaar. Spatel het eiwitschuim er voorzichtig doorheen. Schep de massa in een spuitzak met glad spuitmondje. Spuit gelijke dopjes op de met bakpapier beklede bakplaat. Bestrooi de helft van de macarons met sesamzaadjes. Laat de macarons circa 3 uur drogen op kamertemperatuur.

3 Verwarm de oven voor op 160 °C. Bak de macarons circa 8 minuten in de oven tot ze krokant zijn.

4 Ganache:
Hak de chocolade. Breng de slagroom aan de kook en schenk de warme room op de chocoladestukjes. Roer goed door en laat afkoelen tot ongeveer 30 °C. Meng de boter er goed door en laat de ganache in de koelkast opstijven. Roer de ganache ongeveer 30 minuten voordat je het wilt opspuiten goed door tot hij wat zachter is. Schep de ganache in een spuitzak met een gladde spuitmond en laat eventueel weer iets opstijven in de koelkast.

5 Garnituur:
Schil de mango's en snijd het vruchtvlees in plakjes. Pluk de muntblaadjes. Spuit een dopje ganache op de macarons zonder sesamzaad. Leg er een plakje mango en een muntblaadje op. Schep er een mespuntje frambozenjam op en leg er een macaron met sesamzaad op. Bestuif eventueel met een beetje poedersuiker.

Pompadourtjes

Een lekkernij van koek, marsepein, noten en chocolade.

Hoeveelheid: circa 20 stuks
Bereidingstijd: circa 45 minuten
Wachttijd: 2 uur
Oventijd: 10 minuten

Moeilijkheidsgraad: **

Extra nodig: plasticfolie, bakpapier, deegroller, 2 ronde stekers van verschillende grootte, keukenmachine

Ingrediënten

Harde wenerdeeg
1 vanillestokje
1 ei
150 g bloem
100 g koude roomboter
50 g suiker
bloem om te bestuiven

Marsepein
150 g amandelen
150 g poedersuiker
1 theelepel rozenwater
1 eiwit
poedersuiker om te bestuiven

Notengelei
75 g pecannoten
75 g walnoten
75 g hazelnoten
75 g amandelen met vlies
2 blaadjes gelatine
kom koud water
100 ml water
60 g suiker
2 eetlepels citroensap
100 g abrikozenjam
50 g pistachenoten
50 g gedroogde cranberry's
50 g gekonfijte sinaasappelschil, gesnipperd

Garnering
300 g pure chocolade

Bereidingswijze:

1. **Harde wenerdeeg:**
Halveer het vanillestokje in de lengte en schraap het merg eruit. Klop het ei los. Kneed de bloem, vanillemerg, boter, suiker en de helft van het geklopte ei tot een deeg. Druk het deeg plat, verpak het in plasticfolie en laat minimaal 30 minuten opstijven in de koelkast.

2. Verwarm de oven voor op 170 °C. Bekleed een bakplaat met bakpapier. Bestuif het aanrecht en deeg met bloem. Rol het deeg uit tot een plak van circa 3 mm dik. Steek er met de grotere steker rondjes uit en leg ze op de met bakpapier beklede bakplaat. Bak de koekjes in de oven in circa 10 minuten goudbruin en gaar. Laat de koekjes afkoelen.

3. **Marsepein:**
Maal amandelen, poedersuiker, rozenwater en eiwit fijn en laat de marsepein circa 30 minuten op kamertemperatuur opstijven. Bestuif het aanrecht en marsepein met poedersuiker. Rol de marsepein uit tot een plak van 5 mm dik. Steek met de kleinere steker rondjes uit die een maat kleiner zijn dan de koekjes.

4. **Notengelei:**
Verhoog de oventemperatuur naar 180 °C. Rooster de noten, behalve de pistachenoten, circa 5 minuten in de oven. Laat ze afkoelen.

5. Week de gelatine in water. Breng 100 ml water, suiker, citroensap en abrikozenjam (houd een klein beetje apart) aan de kook. Knijp de gelatine uit en roer door het warme jammengsel. Roer alle noten, cranberry's en sinaasappelsnippers door de gelei.

6. **Garnering:**
Schep een dopje van de achtergehouden jam op de harde wenerkoekjes en leg de rondjes marsepein erop. Verdeel de notengelei erover en laat de pompadourtjes zeker 1 uur opstijven in de koelkast of vriezer tot de gelei gestold is.

7. Smelt de chocolade au bain-marie. Dompel met behulp van twee vorkjes de pompadourtjes tot aan de noten in de chocolade en laat ze op een vel bakpapier uitharden.

Karamello's

Romige karamelsnoeperijtjes met knapperige bodem en een rijke vulling van noten.

Hoeveelheid: circa 12 stuks
Bereidingstijd: circa 45 minuten
Oventijd: 25 minuten
Wachttijd: 1 uur opstijven

Moeilijkheidsgraad: *

Extra nodig: 1 vierkante bakvorm van 21 x 21 cm, bakpapier

Ingrediënten

Bodem
boter om in te vetten
120 g roomboter
150 g bloem
50 g suiker
Vulling en glazuur
190 g roomboter
400 ml gecondenseerde melk (uit blik)
110 g suiker
160 g pecannoten
90 g pistachenoten
Garnering
200 g pure chocolade
160 g pecannoten
80 g pistachenoten
poedersuiker om te bestuiven

Bereidingswijze:

1 **Bodem:**
Verwarm de oven voor op 180 °C. Vet de bakvorm in met boter en bekleed hem met bakpapier. Kneed de roomboter, bloem en suiker tot een deeg. Verdeel het deeg over de bakvorm en bak in de oven in circa 25 minuten gaar. Laat de bodem afkoelen.

2 **Vulling en glazuur:**
Verwarm de roomboter, gecondenseerde melk en suiker op laag vuur tot de suiker opgelost is. Blijf roeren, het brandt snel aan! Breng aan de kook en laat het mengsel circa 8 minuten op laag vuur al roerende inkoken tot een dikke karamel. Haal de pan van het vuur en meng de pecannoten en pistachenoten erdoor. Schenk de karamel over de bodem en laat opstijven in de koelkast.

3 **Garnering:**
Snijd de karamello's in rechthoeken. Smelt de chocolade au bain-marie en garneer hiermee de karamello's. Druk de noten in de chocolade. Bestuif met poedersuiker.

Amandeltoska's

Supersmeuïge amandelcakejes met een krokante bovenlaag, gehuld in pure chocolade.

Hoeveelheid: circa 16 stuks
Bereidingstijd: circa 1 uur
Oventijd: 30 minuten

Moeilijkheidsgraad: **

Extra nodig: keukenmachine, vierkante bakvorm van 21 x 21 cm, bakpapier, thermometer

Ingrediënten

Amandelspijs*
300 g geschaafde amandelen
300 g suiker
1 eiwit
Bodem
boter om in te vetten
75 g boter
3 eieren
40 g bloem
Toplaag
75 g boter
75 g suiker
75 g ahornsiroop
75 g geschaafde amandelen
25 ml water
200 g pure chocolade

* Amandelspijs is ook kant-en-klaar verkrijgbaar. Je hebt voor dit recept 600 gram amandelspijs nodig.

Bereidingswijze:

1 **Amandelspijs:**
Maal de geschaafde amandelen met de suiker fijn en meng het eiwit erdoor.

2 **Bodem:**
Verwarm de oven voor op 200 °C. Vet de bakvorm in en bekleed hem met bakpapier. Meng de boter met de amandelspijs en roer de eieren en de bloem erdoor. Verdeel het deeg over de bakvorm en bak in de oven in circa 20 minuten gaar. Laat de bodem afkoelen.

3 **Toplaag:**
Smelt de boter en meng de suiker, ahornsiroop, amandelen en het water erdoor. Schenk het beslag over de gebakken bodem en bak in de oven in circa 10 minuten gaar.

4 Laat de amandeltoska afkoelen. Haal uit de vorm en snijd in rechthoeken van circa 2 x 4 cm.

5 Smelt de chocolade au bain-marie tot 31 °C (zie voor meer uitleg hierover het hoofdstuk Nuttige tips, werken met chocolade, blz. 16).

6 Dompel de amandeltoska's in de chocolade zodat de zij- en onderkanten bedekt zijn.

Brownies

Deze heerlijkheden mogen natuurlijk niet ontbreken.
Probeer ze een dag te laten staan voor je ze serveert! De smaken zijn dan nog intenser.

Hoeveelheid: circa 16 stuks
Bereidingstijd: 30 minuten
Oventijd: 45 minuten

Moeilijkheidsgraad: *

Extra nodig: bakvorm van 21 x 21 cm, bakpapier

Ingrediënten

boter om in te vetten
250 g pure chocolade
200 g boter op kamertemperatuur
4 eieren
300 g suiker
500 ml melk
150 g zelfrijzend bakmeel
20 g cacaopoeder
mespuntje zout
70 g ongezouten pecannoten

Bereidingswijze:

1 Verwarm de oven voor op 180 °C. Vet de bakvorm in en bekleed hem met bakpapier. Smelt de chocolade au bain-marie en roer de boter erdoor zodat deze smelt.

2 Klop in een kom de eieren en de suiker schuimig en roer de melk erdoor. Meng in een andere kom het zelfrijzend bakmeel met cacao en zout. Roer het bakmeel door het eimengsel en meng door de gesmolten chocolade.

3 Schenk het beslag in de bakvorm en strooi de noten erover. Bak de brownies in de oven in circa 45 minuten gaar. Laat afkoelen en snijd in blokjes.

Eierkoeken

Een leuk en makkelijk recept voor de beginnende bakker.

Hoeveelheid: 6 stuks
Bereidingstijd: circa 15 minuten
Oventijd: 10 minuten

Moeilijkheidsgraad: *

Extra nodig: bakpapier

Ingrediënten

2 eieren
100 g suiker
1 citroen
100 g bloem
4 g bakpoeder
mespuntje zout

Bereidingswijze:

1 Verwarm de oven voor op 180 °C. Bekleed een bakplaat met bakpapier. Klop de eieren met de suiker tot een dik mengsel. Rasp de helft van de citroenschil (alleen het geel) en spatel de rasp samen met de bloem, bakpoeder en een snufje zout door het eimengsel. Zorg ervoor dat je niet te lang spatelt, anders verdwijnt alle lucht uit het beslag.

2 Verdeel het beslag in zes hoopjes op de met bakpapier beklede bakplaat. Zorg ervoor dat de hoopjes ver genoeg uit elkaar liggen, want de eierkoeken drijven uit. Bak de eierkoeken in de oven in circa 10 minuten goudbruin en gaar. Als de eierenkoeken te lang bakken, worden ze droog.

Mega mergpijpjes

Cakegebakjes omhuld met marsepein en gevuld met een romige botercrème en frambozenjam.

Hoeveelheid: 20 stuks
Bereidingstijd: circa 1 uur
Oventijd: 15 minuten
Wachttijd: 2 uur

Moeilijkheidsgraad: **

Extra nodig: vierkante bakvorm van 21 x 21 cm, bakpapier, plasticfolie, keukenmachine, deegroller, kook-thermometer

Ingrediënten

Biscuit
boter om in te vetten
50 g roomboter
4 eiwitten
100 g suiker
5 eidooiers
100 g bloem

Banketbakkersroom
125 ml melk
1 vanillestokje
1 eidooier
25 g suiker
1 eetlepel bloem

Botercrème
125 g roomboter
30 g poedersuiker
125 g banketbakkersroom (zie boven)
4 eetlepels frambozenjam

Marsepein
400 g witte amandelen
500 g poedersuiker
2 eiwitten
1 theelepel rozenwater
poedersuiker om te bestuiven

200 g pure chocolade

Bereidingswijze:

1 Biscuit:
Verwarm de oven op 180 °C. Vet de bakvorm in en bekleed hem met bakpapier. Smelt de boter. Klop de eiwitten en de helft van de suiker tot stijve pieken. Klop de eidooiers met de rest van de suiker au bain-marie schuimig. Meng de eidooiers door het eiwit en spatel de bloem en boter erdoor.

2 Schenk het beslag in het bakblik en bak de cake in de oven in circa 15 minuten goudbruin en gaar. Haal het biscuit uit de vorm en snijd het biscuit doormidden. Laat het biscuit afkoelen.

3 Banketbakkersroom:
Breng de melk aan de kook. Halveer het vanillestokje in de lengte en schraap het merg eruit. Voeg het vanillemerg toe aan de melk. Bewaar voor zelfgemaakte vanillesuiker het stokje in een pot met suiker (zie hoofdstuk Culinaire cadeautjes, blz. 247). Zet het vuur lager, laat de melk 5 minuten zachtjes trekken en roer af en toe rustig door. Klop intussen de eidooier met de suiker tot een crème. Voeg de bloem toe en giet de hete melk al roerende bij het eimengsel. Schenk terug in de pan en laat de banketbakkersroom nog 5 minuten op laag vuur zachtjes koken. Blijf roeren. Giet dan op een plat bord of schaal, dek af met plasticfolie en laat afkoelen. Het afdekken is om het afkoelen te versnellen en velvorming tegen te gaan.

4 Botercrème:
Roer de boter met poedersuiker luchtig en meng de banketbakkersroom erdoor. Besmeer een biscuitlaag met frambozenjam en de tweede met botercrème; houd een beetje botercrème apart. Leg de twee besmeerde vlakken op elkaar en bestrijk de bovenkant met de achtergehouden botercrème. Laat het biscuit minstens 2 uur opstijven in de koelkast. Snijd het biscuit daarna in 20 recht-hoeken van circa 10 cm lang.

5 Marsepein:
Maal de amandelen fijn en voeg de poedersuiker toe. Roer door elkaar en meng het eiwit en rozenwater erdoor. Haal het marsepein uit de keukenmachine en kneed het met je handen goed door.

6 Chocolade tempereren:
Smelt de chocolade au bain-marie tot 31 °C (zie voor meer uitleg hierover het hoofdstuk Nuttige tips, werken met chocolade, blz. 16).

7 Bestuif het aanrecht met poedersuiker en rol het marsepein uit tot een rechthoekige plak. Snijd er banen van die helemaal om het biscuit passen. Duw de marsepein tegen het biscuit en bestrijk de uiteindes met wat water om ze vast te plakken.

8 Smelt de chocolade au bain-marie. Dompel de uiteindes van de mergpijpjes in de chocolade en laat ze op een vel bakpapier uitharden.

Bananensoezen

Hoeveelheid: 10 stuks
Bereidingstijd: circa 50 minuten
Oventijd: 30 minuten

Moeilijkheidsgraad: **

Extra nodig: bakpapier, drie spuitzakken, twee gladde spuitmondjes, plasticfolie, een gekarteld spuitmondje

Ingrediënten

Soezenbeslag
100 ml melk
100 ml water
100 g roomboter
100 g bloem
4 eieren

Banketbakkersroom
250 ml melk
2 eidooiers
75 g suiker
1 eetlepel bloem

Chocoladecrème
150 g melkchocolade
250 g boter, op kamertemperatuur
60 g poedersuiker
250 g banketbakkersroom (zie boven)

Glazuur
50 ml sinaasappelsap
1 theelepel kurkuma
300 g poedersuiker

Vulling
200 ml slagroom
25 g suiker
6 bananen

Zelfgemaakt natuurlijk het lekkerst. Kijk voor tips voor het maken van de perfecte soezen bij het hoofdstuk EHBBO, blz. 357.

Bereidingswijze:

1 Soezenbeslag:
Breng melk, water en roomboter in een pan aan de kook. Haal van het vuur en meng de bloem er met een spatel door tot er een bal ontstaat. Zet de pan weer op het vuur en verwarm al roerend tot er vet uit het deeg komt. Haal de pan van het vuur en schep het beslag in een kom. Roer de eieren er een voor een door tot er een glad beslag ontstaat.

2 Verwarm de oven voor op 210 °C. Bekleed een bakplaat met bakpapier. Schep het beslag in een spuitzak met een grote gladde spuitmond. Spuit 10 strepen van 12 cm op de met bakpapier beklede bakplaat. Bak de soezen in circa 30 minuten goudbruin en gaar en laat ze in de oven afkoelen.

3 Banketbakkersroom:
Breng de melk aan de kook. Zet het vuur lager en roer af en toe rustig door. Klop intussen de eidooiers met de suiker tot een crème. Voeg de bloem toe en giet de hete melk al roerende bij het eimengsel. Schenk terug in de pan en laat de bakkersroom nog 5 minuten op laag vuur zachtjes koken. Blijf roeren. Giet dan op een plat bord of schaal, dek af met plasticfolie en laat afkoelen. Het afdekken is om het afkoelen te versnellen en velvorming tegen te gaan.

4 Chocoladecrème:
Smelt de chocolade au bain-marie. Klop de boter met de poedersuiker luchtig en meng met de banketbakkersroom. Roer de gesmolten chocolade erdoor. Stop als de chocolade goed gemengd is. Schep de chocoladecrème in een spuitzak met een gekarteld spuitmondje.

5 Glazuur:
Meng sinaasappelsap met kurkuma en poedersuiker tot een dikke, smeerbare massa. Snijd de soezen in de lengte door en doop de bovenkant (de ronde kant) in het glazuur.

6 Vulling:
Zet de soezenbodems naast elkaar. Klop de slagroom met de suiker stijf en schep in een spuitzak met een glad spuitmondje. Pel de bananen en snijd ze in plakjes. Spuit een toef chocoladecrème op de bodem. Verdeel wat plakjes banaan over de chocoladevulling. Spuit er een toef slagroom op en leg het deksel erop. Spuit boven op de soes een toef slagroom met wat glazuur.

Puddingwafels

Gevulde luchtige wafels met banketbakkersroom.

Hoeveelheid: 20 stuks
Bereidingstijd: circa 30 minuten
Oventijd: 10 minuten

Moeilijkheidsgraad: **

Extra nodig: bakpapier, plasticfolie, spuitzak, glad spuitmondje

Ingrediënten

Wafels
120 g boter, op kamertemperatuur
200 g suiker
2 eieren
1 vanillestokje
200 ml melk
360 g bloem
7 g bakpoeder
mespuntje zout
poedersuiker om te bestuiven

Banketbakkersroom
250 ml melk
1 vanillestokje
2 eidooiers
75 g suiker
1 eetlepel bloem

Bereidingswijze:

1 **Wafels:**
Verwarm de oven voor op 190 °C. Bekleed een bakplaat met bakpapier. Meng de boter met de suiker. Halveer het vanillestokje in de lengte, schraap het merg eruit en roer dit door de boter. Roer een voor een de eieren erdoor en voeg de melk toe. Meng de bloem, bakpoeder en het zout met elkaar en roer door het botermengsel. Schep het beslag in een spuitzak met glad spuitmondje en spuit 20 dopjes op de met bakpapier beklede bakplaat. Bak de wafels in de oven in circa 10 minuten goudbruin en gaar.

2 **Banketbakkersroom:**
Breng de melk aan de kook. Halveer het vanillestokje in de lengte en schraap het merg eruit. Voeg het vanillemerg toe aan de melk. Bewaar voor zelfgemaakte vanillesuiker het stokje in een pot met suiker (zie hoofdstuk Culinaire cadeautjes, blz. 247). Zet het vuur lager, laat de melk 5 minuten zachtjes trekken en roer af en toe rustig door. Klop intussen de eidooiers met de suiker tot een crème. Voeg de bloem toe en giet de hete melk al roerende bij het eimengsel. Schenk terug in de pan en laat de bakkersroom nog 5 minuten op laag vuur zachtjes koken. Blijf roeren. Giet dan op een plat bord of schaal, dek af met plasticfolie en laat afkoelen. Het afdekken is om het afkoelen te versnellen en velvorming tegen te gaan. Schep de banketbakkersroom in een spuitzak met glad spuitmondje.

3 Bespuit de helft van de wafels met de banketbakkersroom, maar houdt de randen vrij. Leg de andere wafels erop en bestuif met poedersuiker.

Donuts

Misschien wel de bekendste snoeperij uit Amerika.
Leuk om eens zelf te maken!

Hoeveelheid: circa 17 stuks
Bereidingstijd: circa 30 minuten
Wachttijd: 30 minuten

Moeilijkheidsgraad: *

Extra nodig: plasticfolie, keukenpapier

Ingrediënten

45 g roomboter
2 eieren
170 g suiker
500 g bloem
3 theelepels bakpoeder
mespuntje zout
240 ml yoghurt
bloem om te bestuiven
olie om te frituren
suiker om te bestrooien

Bereidingswijze:

1 Smelt de boter. Meng in een kom de eieren met de suiker en meng in een andere kom de bloem met bakpoeder en zout. Roer de yoghurt, het bloemmengsel en de boter door het eimengsel. Laat het deeg circa 30 minuten afgedekt met plasticfolie rusten in de koelkast.

2 Bestuif het aanrecht met bloem en rol het deeg uit. Vorm tot een rol en verdeel de rol in bollen. Druk de bollen plat en maak er met duim en wijsvinger een gat in. Rek het gat iets op.

3 Verhit de olie in een pan tot circa 170 °C.

4 Schep de donuts een voor een in de hete olie en bak ze in circa 2 minuten om en om bruin. Laat de donuts uitlekken op keukenpapier en bestrooi ze direct met suiker.

Roadrunners

Zoals het cartoonfiguurtje: miep-miep zoefffff en alles weg en opgegeten. Zo lekker.

Hoeveelheid: circa 18 stuks
Bereidingstijd: circa 20 minuten
Wachttijd: 2 uur

Moeilijkheidsgraad: *

Extra nodig: 1 vierkante bakvorm van 21 x 21 cm

Ingrediënten

boter om in te vetten
85 g pure chocolade
170 g roomboter
10 g suiker
10 g cacaopoeder
1 eetlepel honing
300 g volkorenbiscuits
70 g witte chocolade
20 g witte mini marshmallows

Bereidingswijze:

1 Vet de bakvorm in. Hak de pure chocolade in stukjes. Smelt de chocolade au bain-marie en meng met de roomboter, suiker, cacaopoeder en honing.

2 Verkruimel de biscuits en hak de witte chocolade fijn. Schep de biscuits, witte chocolade en marshmallows door het chocolademengsel. Schep het mengsel in de ingevette bakvorm en strijk de bovenkant glad. Laat minstens 2 uur opstijven in de koelkast.

3 Snijd de koek in smalle repen.

Pecan-koffiebroodjes

Subliem tijdens het zondagochtendontbijt. Eet ze zolang ze nog warm zijn.

Hoeveelheid: 12 stuks
Bereidingstijd: circa 30 minuten
Wachttijd: 30 minuten
Oventijd: 25 minuten

Moeilijkheidsgraad: **

Extra nodig: plasticfolie, deegroller, kwast, muffintray

Ingrediënten

Deeg
1 vanillestokje
½ citroen
660 g bloem
70 g suiker
14 g gedroogde gist
70 g roomboter
12 g zout
1 ei
365 ml melk
olie om in te vetten
bloem om te bestuiven
1 ei om te bestrijken
boter om in te vetten

Topping
100 g roomboter
50 g lichtbruine basterdsuiker
50 g suiker
50 g honing
36 pecannoten

Vulling
20 g roomboter
120 g lichtbruine basterdsuiker
10 g kaneelpoeder
10 g bloem

Bereidingswijze:

1 **Deeg:**
Halveer het vanillestokje in de lengte en schraap het merg eruit. Rasp de schil van de halve citroen (alleen het geel). Kneed bloem, suiker, gist, boter, zout, geraspte citroenschil, vanillemerg, ei en melk tot een soepel deeg. Vet een kom in met olie en leg het deeg erin. Dek af met plasticfolie. Laat het deeg in de koelkast circa 15 minuten rusten.

2 **Topping:**
Meng roomboter, basterdsuiker, suiker en honing met elkaar.

3 **Vulling:**
Meng roomboter, basterdsuiker, kaneelpoeder en bloem met elkaar.

4 **Pecan-koffiebroodjes:**
Verwarm de oven voor op 175 °C. Bestuif het aanrecht en het deeg met bloem. Rol het deeg uit tot een rechthoekige plak. Verdeel de vulling over het deeg, maar laat aan één zijde een strook vrij. Klop het ei los en bestrijk de lege deegstrook met ei. Rol het deeg op, plak vast met de eistrook en snijd de rol in 12 porties.

5 Vet met een kwast de muffintray in en verdeel de topping over de vakjes. Druk 3 pecannoten per broodje in de vakjes. Verdeel de deegporties over de muffintray en laat het deeg circa 15 minuten narijzen. Bak de koffiebroodjes in circa 25 minuten goudbruin en gaar.

Chocolate chip-mangocupcakes

Cupcakes mogen natuurlijk niet ontbreken in dit boek. Dit is een heerlijke combinatie van chocolade en mango.

Hoeveelheid: 12 stuks
Bereidingstijd: circa 30 minuten
Oventijd: 25 minuten

Moeilijkheidsgraad: **

Extra nodig: cupcakevormpjes, cupcaketray, spuitzak, glad spuitmondje

Ingrediënten

Cupcakes
1 rijpe mango
50 ml water
70 g pure chocolade
1 vanillestokje
200 g bloem
7 g bakpoeder
230 g suiker
180 ml zonnebloemolie
2 eieren

Mangocompote
1 rijpe mango
1 blokje stemgember
1 eetlepel gembersiroop
2 eetlepels abrikozenjam

Mascarponecrème (alle ingrediënten op kamertemperatuur)
200 g zachte boter
200 g poedersuiker
1 vanillestokje
200 g zachte mascarpone

1 reep pure chocolade

Bereidingswijze:

1 **Cupcakes:**
Schil de mango en snijd het vruchtvlees van de pit af. Pureer 80 g mango met 50 ml water en snijd de rest van de mango in blokjes.

2 Verwarm de oven voor op 180 °C. Hak de chocolade fijn. Halveer het vanillestokje in de lengte en schraap het merg eruit. Meng in een kom de bloem met bakpoeder en suiker. Meng in een andere kom de zonnebloemolie met de eieren, gepureerde mango en het vanillemerg. Roer beide mengsels door elkaar en spatel de mangoblokjes en chocoladestukjes erdoor.

3 Zet de cupcakevormpjes in de cupcaketray en vul de vormpjes drie kwart met het beslag. Bak de cupcakes in de oven in circa 25 minuten goudbruin en gaar. Laat de cupcakes afkoelen.

4 **Mangocompote:**
Schil de mango en snijd het vruchtvlees van de pit af in blokjes. Hak de stemgember fijn en meng dit goed met de gembersiroop en de abrikozenjam.

5 **Mascarponecrème:**
Het is belangrijk dat alle ingrediënten op kamertemperatuur zijn, anders gaat de crème schiften. Roer de boter met de poedersuiker in circa 10 minuten luchtig. Halveer het vanillestokje in de lengte, schraap het merg eruit en roer door de boter. Roer de mascarpone glad en meng de boter erdoor. Schep de crème in een spuitzak met een glad spuitmondje. Spuit een dubbele ring mascarponecrème op de cupcakes en vul ze met de mangocompote.

6 Schraap met een mes schaafsel van de reep chocolade en garneer de cupcakes ermee.

Bosche bollen

Romige chocoladesoezen met rijke slagroomvulling.

Hoeveelheid: circa 8 stuks
Bereidingstijd: circa 35 minuten
Oventijd: 25 minuten

Moeilijkheidsgraad: ⋆⋆

Extra nodig: spuitzak, glad spuitmondje, bakpapier, kookthermometer, paletmes

Ingrediënten

Soezenbeslag (zie voor tips het hoofdstuk EHBBO, blz. 357)
100 ml water
100 ml melk
100 g roomboter
mespunt zout
100 g bloem
4 eieren
Glazuur
90 ml water
225 g suiker
190 g pure chocolade, grofgehakt of pilletjes
Vulling
350 ml slagroom
35 g suiker

Bereidingswijze:

1 **Soezenbeslag:**
Breng in een pan water, melk, boter en zout aan de kook. Roer de bloem erdoor en gaar de bloem circa 5 minuten. Haal de pan van het vuur en schep het beslag in een kom. Roer er een voor een de eieren door. Schep het beslag in een spuitzak met glad spuitmondje.

2 Verwarm de oven voor op 210 °C. Bekleed een bakplaat met bakpapier. Spuit hierop grote doppen beslag en bak de soezen in de oven in circa 25 minuten goudbruin en gaar.

3 **Glazuur:**
Breng in een pan water en suiker aan de kook en voeg de chocolade toe. Kook het glazuur tot 110 °C en zeef het glazuur. Maak een werkvlak goed schoon. Schenk een derde van het glazuur op het werkvlak en wrijf met een paletmes voorzichtig uit tot het glazuur dikker en lichter van kleur wordt. Meng het getableerde glazuur met het glazuur in de pan, roer goed door en herhaal het tableren nog een keer (zie voor meer uitleg hierover het hoofdstuk Nuttige tips, werken met chocolade, blz. 16).

4 **Vulling:**
Klop de slagroom met de suiker stijf en schep de slagroom in een spuitzak met glad spuitmondje.

5 Maak een gaatje aan de onderkant van de gebakken soezen en spuit de slagroom erin. Doop de soezen in het afgekoelde glazuur en laat ze uitharden op een koele plek.

Tip

Als je het lastig vindt om glazuur te maken, dan kun je ook gewoon de soezen in gesmolten chocolade dopen. De chocolade zal dan alleen niet zo mooi glimmen.

Brabantse broeder

Rijk gevuld rozijnenbrood met zelfgemaakte amandelspijs.

Hoeveelheid: 1 brood voor zeker 20 personen
Bereidingstijd: 30 minuten
Wachttijd: 1 uur en 45 minuten
Oventijd: 12 minuten

Moeilijkheidsgraad: **

Extra nodig: plasticfolie, keukenmachine, bakpapier, deegroller

Ingrediënten

Deeg
450 g rozijnen
1 vanillestokje
365 ml melk
14 g gedroogde gist
olie om in te vetten
660 g bloem
12 g zout
70 g roomboter op kamertemperatuur
1 ei
70 g suiker
bloem om te bestuiven
1 ei om te bestrijken

Amandelspijs
300 g amandelschaafsel
300 g suiker
1 theelepel speculaaskruiden
1 eiwit

Bereidingswijze:

1 Deeg:
Kook de rozijnen op laag vuur circa 15 minuten in water en laat ze uitlekken. Halveer het vanillestokje in de lengte en schraap het merg eruit. Verhit de melk tot lauwwarm en los de gist erin op. Vet een kom in. Maak een kuiltje in de bloem en strooi het zout over de rand. Kneed boter, ei, suiker en vanillemerg in het kuiltje door elkaar en meng er beetje bij beetje de bloem door. Kneed tot een soepele deegbal. Laat het deeg in de ingevette kom, afgedekt met plasticfolie, op kamertemperatuur circa 1 uur rijzen.

2 Amandelspijs:
Maal de amandelen met de suiker, speculaaskruiden en eiwit tot amandelspijs.

3 Brabantse broeder:
Bekleed een bakplaat met bakpapier. Haal het deeg uit de kom, kneed de rozijnen erdoor en rol er twee bollen van. Bestuif het aanrecht en deeg met bloem. Rol de bollen uit tot ronde plakken van circa 2 cm dik. Leg de plakken op de met bakpapier beklede bakplaat. Verdeel de spijs over een plak deeg, maar houd 2 cm van de rand vrij. Dek het spijs af met de andere plak deeg. Dek af met plasticfolie en laat de broeder circa 45 minuten narijzen.

4 Verwarm intussen de oven voor op 220 °C. Klop het ei los en bestrijk de Brabantse broeder ermee. Bak de Brabantse broeder in circa 12 minuten goudbruin en gaar.

Nougat de Montélimar

Een plakkerig karweitje, maar als je dit een keer gemaakt hebt, zal een volgende keer niet uitblijven.

Hoeveelheid: circa 30 stuks
Bereidingstijd: circa 30 minuten
Oventijd: 10 minuten
Wachttijd: 12 uur

Moeilijkheidsgraad: **

Extra nodig: bakvorm 21 x 21 cm, bakpapier, kookthermometer

Ingrediënten

150 g amandelen met vlies
125 g blanke amandelen
olie om in te vetten
350 g suiker
125 ml water
340 g honing
3 eiwitten
150 g pistachenoten
250 g gekonfijte sinaasappelschil
20 vellen wit eetpapier

Bereidingswijze:

1. Verwarm de oven voor op 180 °C. Rooster de beide soorten amandelen circa 10 minuten in de oven en laat ze afkoelen.
2. Vet de bakvorm in en bekleed het met bakpapier. Verdeel 10 vellen eetpapier over de bodem, zodat de hele bodem bedekt is.
3. Breng suiker, water en honing aan de kook tot 140 °C.
4. Klop de eiwitten stijf. Giet langzaam de kokende siroop bij het eiwit tot de siroop helemaal is opgelost. Klop circa 10 minuten.
5. Meng de afgekoelde amandelen, pistachenoten en de gekonfijte sinaasappelschil door het schuim. Verdeel het schuim in de vorm. Strijk de nougat goed uit. Bedek de bovenkant ook met eetpapier en laat 12 uur opstijven.
6. Snijd met een nat mes de nougat in kleine blokjes van 4 x 3 cm. De nougat wordt harder als je hem op een rooster laat 'drogen'.

Hazelnoot-theerol

Voor als je echt uit wilt pakken of iemand wilt inpakken.

Hoeveelheid: 1 krans
Bereidingstijd: circa 45 minuten
Wachttijd: 1 uur en 45 minuten
Oventijd: 30 minuten

Moeilijkheidsgraad: **

Extra nodig: plasticfolie, deegroller, keukenmachine, kwastje, bakpapier, schaar

Ingrediënten

Deeg
bloem om te bestuiven
660 g bloem
12 g zout
1 vanillestokje
1 citroen
14 g gedroogde gist
360 ml melk
70 g boter
70 g suiker
1 ei

Hazelnootvulling
125 g hazelnoten
60 ml water
1 theelepel kaneelpoeder
100 g suiker
25 g ahornsiroop
1 eetlepel cacaopoeder
1 ei
1 eidooier

Garnering
50 g hazelnoten
1 eetlepel melk
1 eetlepel ahornsiroop
100 g poedersuiker

Bereidingswijze:

1 **Deeg:**
Bestuif een kom met wat bloem. Maak een kuiltje in de bloem en strooi het zout over de rand. Halveer het vanillestokje in de lengte en schraap het merg eruit. Rasp de citroenschil (alleen het geel). Meng in het kuiltje de gist, melk, boter, suiker, citroenrasp en vanillemerg en kneed beetje bij beetje de bloem erdoor. Kneed tot een soepel deeg en laat in de met bloem bestoven kom, afgedekt met plasticfolie, circa 1 uur rijzen.

2 Bestuif het aanrecht en deeg met bloem. Rol het deeg tot een plak van 40 x 50 cm.

3 **Hazelnootvulling:**
Maal de hazelnoten fijn. Meng het hazelnootmeel, water, de kaneelpoeder, suiker, ahornsiroop en cacaopoeder.

4 Bestrijk het deeg met de hazelnootvulling, maar houd 5 cm van de bovenste rand vrij. Klop het ei en de eidooier los en bestrijk de vrijgehouden rand met het ei.

5 Bekleed een bakplaat met bakpapier. Rol het deeg op en leg met de naad naar beneden in een cirkel op de bakplaat. Maak een schaar nat met koud water en knip inkepingen in de krans. Draai de ingeknipte stukjes zo dat ze dakpansgewijs op de bakplaat komen te liggen. Bestrijk de krans met het losgeklopte ei en laat circa 45 minuten rusten.

6 Verwarm de oven voor op 180 °C. Bak de krans in de oven in circa 30 minuten goudbruin en gaar.

7 **Garnering:**
Rooster de hazelnoten goudbruin in een koekenpan. Meng de melk met ahornsiroop en poedersuiker en bestrijk de krans ermee. Hak de hazelnoten grof en strooi ze over de krans.

Rudolph's candybar

Krokante mueslireep met karamel, banketbakkersroom en chocolade.

Hoeveelheid: 20 stuks
Bereidingstijd: circa 50 minuten
Wachttijd: 2 uur

Moeilijkheidsgraad: **

Extra nodig: vierkante bakvorm van 21 x 21 cm, bakpapier, plasticfolie, spuitzak, glad spuitmondje, vriezer, klein spuitzakje

Ingrediënten

Mueslibodem
60 g roomboter
50 g honing
85 g rietsuiker
25 g pecannoten
25 g gedroogde abrikozen
120 g havervlokken
1 theelepel kaneelpoeder
25 g gekonfijte sinaasappelschil
15 g pompoenpitten
15 g sesamzaad
15 g amandelschaafsel
Karamel (zie voor tips het hoofdstuk Nuttige tips, werken met karamel, blz. 19)
75 g suiker
50 ml slagroom
40 g roomboter
50 g melkchocolade
mespuntje zout
Banketbakkersroom
125 ml melk
1 vanillestokje
2 eidooiers
25 g suiker
1 flinke theelepel bloem
Chocoladecrème
40 g pure chocolade
125 g roomboter op kamertemperatuur
30 g poedersuiker
125 ml banketbakkersroom (zie boven)
Topping
100 g pure chocolade
400 g melkchocolade

Bereidingswijze:

1 Mueslibodem:
Breng roomboter, honing en suiker aan de kook. Snijd de pecannoten en abrikozen in stukjes. Meng deze en de overige ingrediënten goed door elkaar tot een plakkerig mengsel. Bekleed de bakvorm met bakpapier en verdeel het mengsel over de vorm. Leg er plasticfolie op, druk goed aan en laat de mueslibodem circa 30 minuten opstijven in de koelkast.

2 Karamel:
Karamelliseer de suiker in een pan. Breng de slagroom aan de kook. Blus de karamel met de slagroom. Kook de saus tot de karamel gesmolten is en roer de boter erdoor. Hak de chocolade fijn. Haal de pan van het vuur. Roer de chocolade en een mespuntje zout door de karamelsaus. Verdeel de saus over de mueslibodem en laat circa 30 minuten opstijven in de koelkast. Snijd de bodem in repen van 2 x 8 cm.

3 Banketbakkersroom:
Breng de melk aan de kook. Halveer het vanillestokje in de lengte en schraap het merg eruit. Voeg het vanillemerg toe aan de melk. Bewaar voor zelfgemaakte vanillesuiker het stokje in een pot met suiker (zie hoofdstuk Culinaire cadeautjes, blz. 247). Zet het vuur lager, laat de melk 5 minuten zachtjes trekken en roer af en toe rustig door. Klop intussen de eidooiers met de suiker tot een crème. Voeg de bloem toe en giet de hete melk al roerende bij het eimengsel. Schenk terug in de pan en laat de banketbakkersroom nog 5 minuten op laag vuur zachtjes koken. Blijf roeren. Giet dan op een plat bord of schaal, dek af met plasticfolie en laat afkoelen. Het afdekken is om het afkoelen te versnellen en velvorming tegen te gaan.

4 Chocoladecrème:
Smelt de chocolade. Roer in een kom de boter met poedersuiker luchtig. Roer de banketbakkersroom los en roer in twee gedeeltes door de boter. Roer de warme chocolade erdoor en schep de crème in een spuitzak met glad spuitmondje. Spuit de crème boven op de mueslirepen. Zet ze minimaal 1 uur in de vriezer.

5 Topping:
Bekleed een bakplaat met bakpapier. Smelt de chocolade au bain-marie in twee aparte kommen. Schep de pure chocolade in een spuitzakje. Wentel de mueslirepen voorzichtig door de melkchocolade en laat ze uitharden op de met bakpapier beklede bakplaat. Spuit er dunne lijntjes pure chocolade over.

Walnootfudge

Een recept voor de gevorderde bakker, maar laat je niet afschrikken.
Neem de tijd en het wordt vast een favoriet recept waar je de blits mee maakt.

Hoeveelheid: circa 20 stuks
Bereidingstijd: circa 45 minuten
Oventijd: 10 minuten

Moeilijkheidsgraad: ***

Extra nodig: evt. koperen pan, kookthermometer, marmeren plaat of granieten plaat, paletmes, siliconenbakmatje

Ingrediënten

900 g suiker
375 ml slagroom
150 g glucose
60 g cacaopoeder
100 g roomboter
200 g walnoten

Bereidingswijze:

1 Breng de suiker, slagroom en glucose aan de kook, het liefst in een koperen pan. Voeg cacaopoeder toe en kook door tot 117 °C. Houd de randen vochtig om greinen (dat het aan de rand gaat klonteren) te voorkomen.

2 Haal de karamel van het vuur en voeg de boter toe. Laat de boter smelten en roer alles goed door elkaar. Laat de massa afkoelen tot 80 °C en giet uit op een marmeren plaat. Wrijf de fudge met een paletmes voorzichtig uit tot hij kouder wordt (tableren tot 45 °C) of giet de fudge in een roestvrijstalen kom en mix met een handmixer tot 45 °C.

3 Verwarm de oven voor op 180 °C. Rooster de walnoten 10 minuten in de oven. Hak ze fijn. Meng de afgekoelde fudge met de geroosterde walnoten. Rol de fudge tot een soort worst. Gebruik hiervoor een siliconenbakmatje. Laat de fudge het liefst een nacht rusten voor het lekkerste resultaat. Snijd de walnotenfudge in plakjes.

EHBBO

Eerste Hulp Bij Bak Ongelukken

Vraag:

Waarom schift mijn cakebeslag tijdens het mixen?

Antwoord:
Schiften betekent meestal dat de boter onvoldoende crèmig is geroerd voordat de andere ingrediënten erbij gaan. Schiften is het afstoten van vet en vocht en ontstaat vooral wanneer de temperatuur van de onderlinge ingrediënten te veel verschilt. Als het cakebeslag geschift is, kan dit een te korrelig en onsamenhangend eindresultaat geven.

Oplossing:
Verwarm de boter lichtjes voordat je hem crèmig roert. Voeg de eieren langzaam een voor een toe. Zorg ervoor dat de temperatuur van alle ingrediënten ongeveer hetzelfde is. Voeg als het mengsel van boter en ei toch begint te schiften, alvast een klein deel van de bloem toe.

Vraag:

Hoe komt het dat mijn cake bovenop soms helemaal gescheurd is, mooi bruin gebakken en toch in het midden niet helemaal gaar?

Antwoord:
Een veel gemaakte fout is dat cakes te warm worden gebakken. De bloem heeft tijd nodig om gaar te worden en het vocht moet in diezelfde tijd ook weg kunnen (verdampen). Als de oventemperatuur te hoog staat, zal de buitenkant en vooral de bovenzijde te snel verkorsten. Hierdoor is de bovenkant al gaar en zijn de poriën afgesloten, terwijl de binnenkant nog niet gaar is en vol vocht zit. De damp zal toch weg moeten tijdens het bakken en stijgt naar boven. De korst kan niet anders dan openbarsten om de damp te laten ontsnappen.

Oplossing:
Het is belangrijk om de juiste balans tussen temperatuur en baktijd te vinden. Als je wilt, dat je cake mooi vlak blijft, kun je hem het best heel rustig bakken. Gemiddeld is de temperatuur voor een normale cake 160 tot 170 °C, met een baktijd van 1 uur. Soms bak ik een cake op slechts 140 à 150 °C, gedurende 1,5 uur, vooral als er veel vocht of vochtig garnituur in het beslag zit. Engelse cake, de zogenaamde 'rich fruit cakes', die vaak worden gebruikt voor bruidstaarten, staan soms wel 4 uur in de oven op 130 à 140 °C, om ze mooi vlak te houden. Laat cake na het bakken altijd goed uitwasemen, zodat de damp weg kan en deze niet terug in de cake slaat.

Vraag:

Hoe komt het dat mijn cupcakes ingezakt zijn?

Antwoord:

Waarschijnlijk heb je de ovendeur te vroeg geopend om te kijken of de cupcakes al gaar zijn.

Oplossing:

De eerste 15 minuten in het 'leven' van een cupcake zijn kritiek. In deze tijd zorgt het bakpoeder ervoor dat de cupcake rijst. De prille cupcake is erg gevoelig voor temperatuurschommelingen en tocht. Hoe meer suiker, vocht of vet een cakeje bevat, des te langer het duurt om de structuur te 'zetten'. Om te controleren of een cakeje gaar is, kun je pas na 20 minuten de ovendeur kort openen en er snel een satéprikker in steken. Komt deze er droog uit, dan is de cake gaar. Blijft er nog beslag aan zitten, dan is de cupcake vanbinnen nog niet gaar.

Vraag:

Waarom zijn mijn cupcakes onvoldoende gerezen?

Antwoord:

Bakpoeder heeft net als wij niet het eeuwige leven. Controleer of de houdbaarheidsdatum van het bakpoeder niet verlopen is. Daarnaast is een nadeel van bakpoeder dat het snel klontert, waardoor het zich niet goed mengt met het beslag, met als gevolg dat er een onregelmatige werking plaatsvindt.

Oplossing:

Zeef het bakpoeder samen met de bloem. Dit voorkomt klonteren. Roer door dit bloemmengsel daarna ook eerst (indien nodig) de rest van de droge ingrediënten.

Vraag:

Mijn koekjes zijn tijdens het bakken zo uitgezakt dat ze aan elkaar plakken. Wat kan ik hieraan doen?

Antwoord:

Dit heet 'uitdrijven'. De mate van uitdrijven hangt af van het recept dat je gebruikt en het type koekje. Als je geen vorm gebruikt, zal het deeg door de boter tijdens het bakken gaan uitdrijven. Dit gebeurt je vooral bij recepten met een typische botersmaak, zoals bij spritsen en de makkelijke jamkoekjes.

Oplossing:

Als het al gebeurd is en je hebt in plaats van een bakplaat vol koekjes één grote koek gekregen, kun je zolang het deeg nog warm is met behulp van een koekjessteker snel kleinere koekjes uitsteken. Laat ze dan gewoon op de bakplaat liggen tot ze afgekoeld en stevig geworden zijn. Of je breekt de koek gewoon in stukjes, lekker zijn ze toch wel. Dit is een noodoplossing voor als het kwaad toch al geschied is. Houd dus rekening met uitdrijven als je de koekjes op de bakplaat legt of spuit, vooral als je het recept voor de eerste keer maakt en nog niet weet hoe ver ze uitdrijven. Plaats de ongebakken koekjes in rijtjes om en om, ver genoeg uit elkaar. De banketbakker noemt dit in verband leggen'. Je kunt aan een recept ook iets meer bloem toevoegen zodat de koekjes minder gaan uitdrijven, maar dit komt de smaak zelden ten goede.

Eerste Hulp Bij Bak Ongelukken

Vraag:
Hoe bewaar ik mijn koekjes het best?

Antwoord:
Zelfgebakken koekjes moeten naar vroeger smaken, niet naar gisteren! Het is heel eenvoudig: koekjes bewaar je liefst droog en donker, een koektrommel is en blijft de beste opbergplek.

Oplossing:
Bewaar koek en koekjes niet in de koelkast, daar worden ze zacht. Droge koekjes kun je tot wel twee weken bewaren, harde koekjes zoals bitterkoekjes nog wel langer. Koeken met vulling zoals crème en dergelijk zijn veel korter houdbaar, slechts enkele dagen. Je kunt alle soorten koek langer bewaren in de diepvries; in een goed afgesloten trommel kun je koekjes tot wel twee maanden bevroren bewaren. Wanneer je ze uit de diepvries haalt, leg je ze op een bord of schaal in de kamer om te ontdooien.

Vraag:
Waarom glimt mijn chocoladeglazuur niet?

Antwoord:
Er zijn verschillende soorten chocoladeglazuur: op basis van gesmolten chocolade met room of melk, op basis van cacaopoeder, room, water, suiker en gelatine, of op basis van eiwit, suiker en cacaopoeder. Al deze glazuren hebben gemeen dat ze mooi glimmend kunnen zijn. Als je het simpel bekijkt, is glans niets anders dan de reflectie van licht. Weerspiegeling (gerichte reflectie) kan alleen optreden indien een oppervlak absoluut vlak is ten opzichte van de golflengte van het licht. Net als bij een spiegel mogen er dus in perfect glazuur geen onregelmatigheden zitten. Niet-glimmend glazuur bevat in de meeste gevallen iets teveel droge stof (suiker, cacaopoeder, chocolade), te veel luchtbellen door te hard roeren, of onregelmatigheden zoals cakekruimels.

Oplossing:
Het gaat er bij goed glazuur dus om dat de verhouding vaste bestanddelen (suiker, cacao) in een goede verhouding staat met de vloeibare bestanddelen (water, room, eiwit). De verhouding moet zodanig zijn dat het glazuur absoluut glad is (en dus ook geen luchtbellen bevat), maar wel voldoende dik is om eenmaal aangebracht een mooi laagje te vormen. Daarom raad ik aan dat je het recept altijd precies volgt. Bij glazuur dat vrij dun is (zoals het chocoladeglazuur van de chocolade-karameltaart met tuttifrutti, maar ook bij de burgemeesters), helpt het als de te glazuren ondergrond koud of zelfs bevroren is zodat het glazuur direct stolt. Weet ook dat de industrie en soms ook de banketbakker kan beschikken over industrieel gemaakte glazuren en fondant die de thuisbakker niet voorhanden heeft.

Vraag:
Mijn botercrème ziet er korrelig en geschift uit. Wat doe ik verkeerd?

Antwoord:
Schiften is het afstoten van vocht (de banketbakkersroom) en vet (de boter). Dit gebeurt meestal wanneer een of beide ingrediënten te koud zijn.

Oplossing:
Zorg dat de boter op kamertemperatuur is en zacht genoeg om luchtig te draaien samen met de poedersuiker. De banketbakkersroom mag wel afgekoeld, maar niet koelkastkoud zijn als je hem toevoegt aan de luchtige boter. Als de botercrème al in de schift zit, kun je de kom met crème even boven heet water houden zodat de crème langs de randen gaat smelten. Als je vervolgens de crème weer verder roert, zal hij door de warmte weer mooi glad draaien.

Vraag:

Waarom zijn al mijn rozijnen tijdens het bakken naar de bodem van mijn cake gezakt?

Antwoord:

Omdat cakebeslag traag vloeibaar is, heeft garnituur de neiging om langzaam naar beneden te zakken. Dit zakken gebeurt vooral in de eerste helft van de baktijd, totdat het zetmeel in de bloem voldoende is 'verstijfd' door de baktemperatuur.

Oplossing:

Om het zakken te vertragen, kun je de rozijnen of een andere garnituur na het wellen goed droogdeppen en voor het mengen met een beetje bloem bestrooien. De stroeve bloem remt de rozijnen eigenlijk af. Een handig trucje is om de rozijnen slechts door de helft van het beslag te mengen. Doe vervolgens eerst het neutrale beslag (zonder rozijnen) in de cakevorm en schep hierop het rozijnenbeslag. In het begin van het bakproces zullen de rozijnen nog steeds zakken, maar nu hebben ze een langere weg te gaan. Een ander trucje dat professionals regelmatig toepassen met gevulde cakes: koel eerst het cakebeslag met garnituur voordat je de vorm gaat vullen. De boter in het beslag zorgt ervoor dat het beslag veel dikker en steviger is.

Vraag:

Toen ik na het bakken de soezen uit de oven haalde, zijn ze ingezakt. Hoe kan dit?

Antwoord:

Soezenbeslag bevat water en/of melk. Dit vocht verdampt tijdens het bakken in de hete oven en wordt stoom. Het stoom in het deeg zorgt er tijdens het bakken voor dat de soezen uitzetten en vanbinnen hol worden.

Oplossing:

Voor een goed eindresultaat is het belangrijk dat de soezen goed gaar en droog gebakken worden in de oven en dat al het vocht verdampt is. Soezen worden om deze reden vrij lang en op een redelijk hoge temperatuur gebakken. Als je denkt dat de soezen gaar zijn, check dan even of ze ook echt mooi droog zijn. Anders kunnen ze later alsnog gaan inzakken. Als je soezen eenmaal zijn ingezakt, kun je dit helaas niet meer verhelpen. Maak ze opnieuw en zorg ervoor dat dit je nooit meer overkomt! Voor de veiligheid laat ik gebakken soezen meestal nog even in de oven staan nadat ik hem heb uitgeschakeld. Op deze manier kunnen de soezen nog een beetje nadrogen en is er veel minder gevaar voor inzakken.

Vraag:

Mijn Moskovische taartbodem is niet gaar, terwijl ik de naaldtest heb gedaan. Hoe kan dit?

Antwoord:

De naaldtest is een goede indicatie voor gaarheid, na het bakken is het echter wel belangrijk dat de cakebodem zijn vocht (damp) kwijt kan.

Oplossing:

Laat de cake of cakebodem uitwasemen of afkoelen op een rooster. Dit zorgt ervoor dat de damp weg kan, waardoor een mooie droge kruim in de cake ontstaat. Als je de cake of bodem na het bakken te lang in de vorm laat zitten, zal de waterdamp niet weg kunnen en krijg je een vochtige, plakkerige plek boven in het midden van de cake.

Marco Roelofs

Frans Bauer

Leo Blokhuis

Annabel Langbein

Guus Meeuwis

Edsilia Rombley

Anita Witzier

Sipke-Jan Bousema

Jandino Asporaat

Jim & Bettina Bakkum

Gerard Ekdom

Willeke Alberti

Boudewijn de Groot

Sander Janson

Nance

Boris van der Ham

Tom van 't He

Janneke Brinkman

Irene Moors

Fabiënne de Vries

Robert ten Brink

Bert van Leeuwen

Manuela Kemp

Ewout Genemans

Rob Stenders

Dankwoord

Dit boek zou niet compleet zijn zonder een diepe buiging en een groot dankjewel aan het voltallige team van 24Kitchen. Regelmatig hoor ik mensen zeggen dat ik in mijn Bakery zo lekker enthousiast ben en dat dit op tv goed te zien is, bijna te proeven zelfs! Dat is een mooi compliment, maar ik realiseer mij altijd dat het programma dat wij maken echt een teamsport is. De sfeer waarin Rudolph's Bakery wordt voorbereidt, opgenomen en klaargemaakt voor uitzending is bijzonder plezierig en met respect voor een ieders specialisme. Daarom vind ik het zo leuk dat er in dit boek ook enkele backstage foto's staan van collega's die je normaal in het tv-programma nooit ziet. En voor de kijkers die zich regelmatig afvragen; wat gebeurt er na afloop toch met al die taarten?... Kijk maar eens naar de vrolijke gezichten van mijn collega's!

Verder heel veel dank aan; Jamie de Wit, Kai Reijngoud, Lara Krul, Ralph en Thijs Winsser, Bodien de Rooij, Fay van Nieuwland, Basisschool St Willibrordus Riethoven, Frances en Wim Jaarsma, Frank van Geloven, Esther Plaat, Leonie van Mierlo, Sam Walravens, Jan Wiesebron, Sofie Langenberg, Francis Wehkamp, Frank van Veen voor de poëzie en alle bekende Nederlanders die op visite kwamen in de Bakery. Jullie zijn allemaal dé kers op de taart!

Dank jullie wel!

Rudolph van Veen

Register

A

B

C

Register

L

M

N

O

P

Q

R

S

T

V

W

Y

Z